生命，因閱讀而大好

生命，因閱讀而大好

Mama, nicht schrei
Liebevoll bleiben bei Stres
Wut und starken Gefühle

媽媽的情緒練習

自我覺察，用智慧愛孩子和自己，建立正向家庭關係

著
珍琳·米克
Jeannine Mik
珊德拉·提墨·葉特
Sandra Teml-Jetter

譯
楊婷湞

前言／欲望和現實，歡迎來到人生 006
是時候整理自己了：更有意識地過生活 013
如何使用這本書 025

第一章 認識你的「點」——什麼事會讓你抓狂？
我什麼都感覺不到：發洩與壓抑都叫做無感 041
為什麼你選擇用這種方式教導孩子？ 053
如何面對孩子的強烈情緒 057

第二章 覺察內心的不滿——有意識地引導自己，脫離負面情緒泥沼
身體裡的憤怒：關鍵九十秒 078
C.I.A：你的救命計畫 082
安撫情緒的作法：情緒該往哪裡去？ 086

第三章　認真和孩子講話和生活——我在這裡，你在哪裡？

媽媽，我聽不到你講的話　106
坦誠說出自己的想法　108
我可以做什麼？　115
說「好」的關係　118

第四章　恐懼或愛——哪一個驅使著你？

P.A.S.S.I.O.N 步驟　132
想像最糟的那一幕：克服恐懼　136

第五章　身處安全地帶——拓展你的容納之窗

共同、自我和外在調節　146
你的容納之窗和缺少的關係　149
前額葉 vs. 杏仁核：壓力下的大腦運作方式　151
拓展你的容納之窗，即時解救你　160

第六章 我的快樂，我作主——將自己放在優先位置
想想你自己！ 169
金字塔中的優先順序 171
個人條件和生存素質的差異 174
認識壓力程度量表 177

第七章 認識自我領域——你的界線想像之旅
不完整的圓圈 189
成為我自己！ 193
孩子的地盤和散落的襪子 198

第八章 圓滿關係，操之在你——看清謎團，建立理想的關係互動模式
需求與獲得：人際關係互動模式 210
練習，讓關係圓滿 226

第九章　成為「大人」——擁有平靜自在，成為堅定又柔軟的自己

平衡的四個要點　241
從幼稚到成熟的轉變　244

第十章　「擺脫父母」——做勇於改變的大人，讓情緒有所出口

成人父母的不同樣貌　254
覺醒吧，做個像樣的大人　262
心緒地圖　272
尋回你的渴望　276
找到你的節奏，平衡你的能量　288

結語／找到內心的平衡，在愛裡成長　294

後記／我們是誰：走在關係取向的這條路上　298

致謝　307

前言

欲望和現實，歡迎來到人生

孩子帶給做父母的我們許多美妙的時刻！那些深深打動我們，讓我們屏住呼吸，不禁感動落淚的片刻；我們看著孩子，貼近他們，看他們沉浸在遊戲裡，尋求父母的關注，透露出對我們的喜愛。那一雙雙的小手，無所不能，他們睜大眼睛，帶著好奇心，迫不及待去觀察一切，對萬物感到嘖嘖稱奇。這個活潑的靈魂如此地純潔無瑕，帶著無拘無束、有自我主張和無所畏懼的精神。多麼美好的生命啊！

然而，為什麼這一切有時又不是這麼一回事呢？為什麼這個讓我們惦記的稚嫩單純小人兒，時不時就要挑戰我們做父母的理智邊緣呢？我們想當最棒的父母，盡我們所能，卻常常不知如何是好。我們替自己和自己的無能感到震驚，即使我們再三期盼自己能做到，卻無法維持對孩子的愛。就是這些感覺！要怎麼樣才能排解？是

什麼阻礙著我們的生活、對孩子的愛，讓我們無法按照自己真正的心意去做呢？

其實，答案有很多。在絕大多數的情況裡，不是孩子的行為舉止引爆了我們的情緒，讓我們像火山一樣每秒噴發或是無法停止怒火。孩子通常是導火線，卻不是真正的主因。如果真是這樣的話，什麼才是讓我們生氣的原因？

現在，我們來回想一下自己小的時候，在探索這個世界之初，在我們急需被愛與被信任之際，可能忽略了我們的那些人；也想想生命裡的種種經歷，讓人有時感到折磨又耗費心力的日常，還有環繞在我們眼前的種種壓力。或許我們也會想起人與人之間的關係，那些我們苦心經營過，某些失敗了，還有一些是我們也渴望擁有的。所有的過往都存在我們的記憶裡，伴隨著我們，走到了今日，連我們自己都不知不覺。生活中處處都是關卡，工作上的壓力、家庭的重擔，每個人都對我們有所求；想要博他人一笑或讓自己有最起碼的快樂，時間彷彿都不夠。我們要如何克服這一切，能扛起這些重任，又能滿足自己甚至是別人的需求呢？

沒錯，其實，這一切從來都不容易。可以明白的是，我們無法做到百分之百，所有的事並不會如我們所願地發生。好消息是：不要緊，沒關係，真的！這就是人生，它總會不斷向我們拋出挑戰，而且都是無預警的。我們藉由挑戰成長，能不斷發掘新的自我：日子過得順遂的時候，能勇於探索新知，保存舊有的經驗；當事情不如自己所想，不符合我們所預期的模樣，也要懂得放棄。但是，假設關卡多到數也數不清，或是挑戰太巨大了，又該如何是好？如果因此影響到我們所在乎的人際關係呢？在有壓力情況下，你就會失去耐心，卻偏偏常被壓力罩頂，既然如此，改變自己就更加刻不容緩了。

不好的消息是：我們認為自己是這些麻煩的受害者，因而無所作為。想要掌握自己的生活，我們就必須成為懂得塑造自己的女性＊，所以才需要仰賴自身的執行力。還有勇氣，源源不絕的勇氣，以及充滿愛的態度。除了我們本身就具備這些能力以外，還有一些是必須靠自己，在改變的路上更要隨時自問：我現在想要怎麼做？我滿意眼前的作為嗎？我想過什麼樣的生活？自己是否正朝著正確的方向前進呢？我現在做的事情是否符合我的理想呢？如果沒有，我現在該如何改變現況，能更貼近自己想要的模樣呢？我們必須相信自己可以做得到：以一種想解決問題、有自信的

作法，是適合自己，並感到踏實且舒服的方式。

讓我們抱持著這樣的信念，更堅信：過去所有的壓力以及不開心的經歷，還有現在的不順利，雖然在任何時間點都是無法抹滅的事實，但我們仍有為自己改變的能力，正因為這些事件，我們才有改變的機會。生命邀請我們，去面對這些事件——去積極行動，而非默默承受。一個人的執行力，不是展現在透過外在力量去操控自己辦不到的事情，或者必須倚賴他人，去做一些——如果細究的話——我們根本無法勝任的事，到頭來白忙一場。結果，離理想的自己，還有原本想親近的人愈來愈遠。

＊ 身為女性，我們的文章是為女性及母親們所寫。當然，我們也希望這些作品能引起所有父親的關注。母親和父親能在彼此尊重的前提下共同生活，這是我們最大的期盼；即便如此，兩者之間仍存在著差異。舉例來說，有時，男性表達激動情緒的方式與女性不同。如果你是爸爸，剛好正在讀這本書，我們期待你能從書中的內容獲益。至少，在築起男女之間的橋樑和促成雙方理解方面，我們能有所貢獻。

若是想讓自己在面對他人時更有愛心和耐心，此時此刻的你可以怎麼做呢？

「我希望你能努力積極，去改變你能改變的事；我願你能寬容有量，接納自己無法改變的事。我更期盼你能擁有智慧，能分辨出凡事的能與不能。」這是某位智者曾經說過的話——他說得有道理。

這讓我們重新思考關於自己、孩子以及以下的問題：現在、當下以及今天，你能怎麼做，讓自己不再那麼容易失去耐心？怎麼樣才能讓你不再緊繃，不會讓你的情緒像以前一樣一觸即發，至少能維持冷靜的態度？因為你再也不用和現實生活搏鬥，懂得如何去應對。

思考這個問題的用意是，當你覺得自己快喘不過氣時，藉助知識和技巧去填補你個人的「能量庫存」，讓你在遇上壓力時可以懂得觀察，不會失去和自我的

「連結」或是能重新找回自己。這麼做，你才能徹底看清楚自己的狀態：在什麼時候，你會盲目地處事？你為什麼發脾氣？這些都需要經由練習和反思，用適合你的引導方式，就能一步步地達成，甚至在被情緒的浪潮襲捲之前，就能找回你自己。為此，你必須和你的身體、感官知覺共處，你將會發覺，自己的內在有點不一樣了，隨著變化，連你的樣貌也會不同——一開始可能會不習慣，但之後就好了。

很多家長認為，適應孩子和他們建立起穩固的關係很困難，這並不意外。連我們都無法察覺自己，不瞭解自己，又該如何面對他人呢？我們的內心失去了方向，又要怎麼去引導孩子呢？我們都不聽自己內心的想法，又怎麼能聆聽孩子呢？如果你想扮演好父母的角色，想踏實地生活，你必須建立和自我的連結，找回方向，聆聽自己的內心。為了和你自己，也和孩子建立起快樂且滿意的互動關係，也讓你有徹底改變的機會，我們邀請你踏入充滿刺激冒險的自我探索之旅。你必須觀察外在的世界，覺察內在的自己，才能好好地開始並知道該怎麼做。美國作家，同時也是「轉念功課」（The Work）的創始人——拜倫．凱蒂（Byron Katie）說過「The way out is the way in」，我們也相信，這就是所謂的「通往內心即是出口」。走向你的內心，走向你自己，你就會看到隱藏在外表下的自我。

如果你能做到，在身處壓力、憤怒或是感到強烈不滿時，能保持冷靜或者關注自己的感受，就是替你自己以及你和孩子之間，立下良好關係的有利基礎。你再也不會受制於孩子或是你自己的情緒，孩子們也不會沒來由就對著你胡亂發脾氣，你再也不會覺得拿他們沒輒。你反而更能同理他們，顧及他們的感受，懂得和他們相處。好比一個衝浪的人，不畏懼大浪，鼓起勇氣挑戰，這就是他擅長的事；就像你雖然感到恐懼害怕，卻決定用愛來面對，而且絕不放棄。

這條找尋自我的道路，不是一條康莊大道，偶爾會崎嶇難行，更別說要走捷徑，途中還有阻礙你前進的絆腳石。無論如何，這條路會帶你找回自己，慢慢地引導著你，走到目的地，讓你能帶著愛與耐心面對他人。你會發現自己彷彿是一座燈塔，能給孩子們安全感和指引他們。當你克服每一個難關時，你該為自己喝采；你更要相信，孩子們能做的，或許比你看到的更多。我們想藉由這本書，陪伴你走一段探索自我的道路。

是時候整理自己了：更有意識地過生活

❤跟我們聊聊孩子吧

一位婦人胸前抱著一名嬰兒，她說：跟我們聊聊孩子吧。

紀伯倫告訴她：

你們的孩子不是你們的孩子，孩子是生命對於自身的渴望。他們藉由你們來到世上，但不是因你們而來。

即便他們就在你們的身邊，仍然不屬於你們。

你們可以給予他們你們的愛，卻不能教他們怎麼想，因為他們擁有自己的想法。

你們可以提供他們棲身的處所，卻無法禁錮他們的靈魂，因為他們的靈魂住在明日的某處，一個你們無法尋獲，連作夢也想不到的地方。

你們可以努力像他們一樣，但不強求他們和你們做同樣的事。

因為生命無法重來，更無法倒退。

你們就像弓，孩子們就是有生命的箭，被你射向前方。
弓箭手望著遙遠的箭靶，用盡全力拉開弓弦，期盼他的箭能射得又快又遠。
就愉悅地讓弓箭手將你們彎曲吧！因為他喜歡飛揚在空中的箭，也愛堅定不移的弓。

——《先知》卡里・紀伯倫（Kahlil Gibran）

多麼美好動人、充滿詩意的文字啊，我們都不禁欣喜地附和：「沒錯，這就是我想要的。」不過，回到現實層面：那些情緒是怎麼一回事？你該拿他們怎麼辦呢？怎麼做才能跟情緒共處？——你捫心自問，面對這些情緒，你曾做過哪些努力，一直以來又做了哪些事？我們既可介紹一系列的方法，像是能活用的技巧、方法或是給一張流程圖，你就能暢行無阻從A走到B，一切看起來都完美。我們更可以在這本書裡提供一些簡單的解決之道，而且人人都適用。但這未免太自欺欺人了。

你在網路上找到許多面對壓力時的解決方法。舉例來說：當你忍不住想破口大罵

的時候——這原本就是一種「本能」，因為大多數人根本沒有發現自己在生氣——可以從一數到五或十。如果這種方法真的有效的話，你就能在當下感受到自己正在生氣，然後「收斂」情緒，不受它的影響，能這麼做當然很好。那真要恭喜你了，我們還沒遇過這樣的媽媽呢！反而在實務上，我們所遇見的媽媽們都費盡心力，卻覺得自己徹底失敗，因為她們無法做到那樣。她們覺得這些建議聽起來簡單易懂，卻無法付諸實行；而且，她們也不曉得，在被情緒淹沒之前，心中的不滿又是從何而來。可能是她們根本不知不覺，也或者心知肚明。可能性太多了！

身為媽媽，你也可以運用方才的數數方法。當你感到心裡怒氣翻騰時，就和它迎面對戰，這也很好。但是，從這個經驗看來，大多數這麼做的人，只是把注意力放到數數上，並沒有關注自己身體的感受。這種做法是在逃避問題，結果問題一樣無解：原先你用發脾氣這種不健康的方式來表達你內心的不滿，現在反而改用數數了。無論用哪一種方法，都無法和內在的自己對話，這兩種無意義的方式也不能解決你的情緒問題，你依舊會生氣或繼續逃避問題，因為你不願意面對問題的癥結點。你還是沒學會慢慢和自己的情緒打交道，也不懂得好好地去觀察——憤怒想告訴你的

> 所謂好的「教養」，看的是父母的行為態度，而不是孩子的。

話。你自然也無法以身作則，教導孩子怎麼面對情緒——他們只能像你一樣把情緒推到一旁。

我們相信，好好認識自己，不斷與自己的身體、感受及意念對話，採取適合自己的改變方法，就能維持自在的生活，當然心情也會開朗許多。是該盤點內心裡的「庫存」了——長年積累下來的情緒倉庫。不光是稍微調整一下位置或是丟棄無關痛癢的東西，而是徹底大掃除。因為，倉庫的有些東西可能早就不知放到哪兒去，有些已經擺得東倒西歪。好好地打掃，我們才會懂得和自己相處，不再破口大罵，或是選擇用毫無章法的步驟去面對不舒服的情緒。即使我們無法窺見內心倉庫裡每個幽暗之處——畢竟在辛苦育兒生活當中，有些芝麻小事並不值得一提——這麼做仍有它的用處，就是在我們感到人生停滯不前時，清除阻礙我們前進的陳年雜物。如果你想在這本書中找到改變孩

子的方法和技巧，我們恐怕要讓你失望了。你的孩子有自己的性格，或許他不會總是照著你的期許去做，事物的本質本不該是如此。連我們大人都必須不斷地轉變，持續地進步，這就是以身作則。意識到父母的職責會帶領你更加認識自己，不會讓孩子離你更遠。

當孩子踏入我們的生命時，也隨即開啟了父母的教養人生。我們會經歷無數的情況，我們會在理性思考和感性情懷之間糾結。怎麼做？怎麼決定？什麼是當下最「正確」的作法？必須做什麼？應該做哪些？什麼事可以做——還有不可以做？這時身為父母的我們必須認清一件事：你的孩子不是「迷你的你」，他不是縮小版的爸爸或媽媽，而是一個擁有自我意識和個人性格的獨立個體。所以，也就是你個人，要能區分出你和你的孩子——或是每一個孩子是不同的個體。孩子不屬於我們個人！他們也不歸我們所有。如果我們打從內心能明白這些道理，我們就能陪著孩子，發掘他們所需要的，而不是用我們自以為的方式，讓孩子照著我們所要的方向去走，或是順著我們的心意去做。

多數的家長都想要給孩子「最好」的。即使我們深信，某些家長其實沒有察覺到這件事，我們在此還是要對他們說出我們真正的想法。請家長們仔細想想：當我們無論如何都想給孩子（我們自認為）最好的，我們會不會就在這個過程當中顧此失彼呢？像是孩子有權利做他自己，成為他自己想變成的人，以適合他個性和想法的方式來生活。

想要用愛和智慧陪伴孩子走他們的路，做父母的一定把自己隱藏起來，否則我們會變得無所不在。不這麼做又要怎麼去改變，去實現陪伴孩子及建立成功的親子關係呢？更不用說放手開始了。唯有做父母的認清，實際上阻礙自己的是什麼人或什麼事，讓你無法過自己真正想要的生活及愛孩子，這樣才能找到解決問題的方法。透過我們所提供的所有內容，就能找到一個能解決問題、在沒有衝突的情況下，能建立彼此信任的方法。

讓我們好好地檢視，你的壓力來源和耗費你許多精神的事情。不過，我們要先提醒你一件最基本原則：你的日子好與壞，你面對壓力時的表現，這些都和孩子無關。

因為當你在思考壓力來源的時候，或許會因此馬上想起，孩子把廚房弄得像打仗過後一樣的混亂、昨天你又再一次花了兩個小時陪睡，或是他們把一整瓶身體乳液抹在客廳的地板上……這些事都讓你忍無可忍，但「要不要生氣」卻是操之在你。身為母親，你的任務不是改變孩子，讓他們符合你的標準。那麼我們到底要觀察什麼？要怎麼執行？要注意哪些事？例如：你疼愛小孩的方式嗎？還是你對於幸福及「乖乖聽話」的想像？你對於自己還有其他人的要求，對於成功的定義、對於工作、時間安排或是你的人際關係呢？如果要讓你不再被壓得喘不過氣，具體的改變作法又是什麼？你一定要履行堆得像山一般高的責任與義務嗎？你非得這麼做不可嗎？

你可以一手包辦所有的事，你花費許多的心力處理每一件任務，以致於到最後連一丁點兒力氣都不剩。下回遇上孩子發脾氣時，自然也無法冷靜下來。結果，蚊子依舊還是蚊子，不會變成一隻大象。除了你眼前所見的以外，還有對不確定事情的恐懼會伴隨而來，你可以害怕，但不該受到它的控制。

我們都清楚，自己不可能去改變每一件事，但能做的卻不少。那些（暫時）解決不了的情況，你可以抱持著：「好吧，那就這樣！我現在就來處理！」你瞭然於心接受這些挑戰。

要懂得過生活，尤其不能忘記一個問題，而且要不斷自問：你想要怎麼生活？要能真心且沉著地回答這個問題確實不容易。因為，我們之中有許多人的自我意識，早在兒童時期開始就逐漸被消磨殆盡。並不是有人惡意這麼做，或許是數十年來的一貫教養方式所致。我們希望身為媽媽的你，去找回你的需求，同時也關注孩子的所需。「關注需求」，並不是說你總是不在乎孩子或者別人想要什麼，這裡是指，即使面對你原先不認同的事，你也能包容、接納，也就是不去設限。

我們知道，這麼說實在太難以想像了。如果我們只在書裡教你們方法和技巧，讓你們在遇上壓力時派上用場，這就只在做表面功夫而已。因為我們並沒有做到徹底改變，這需要探索內在及自我對話。所謂的自我對話，是指觀察自己的真實樣貌，思考自己的言行態度：「我在這裡做什麼？這是我想要的嗎？我該如何表現？為什麼改變某些事對我來說很困難？如果要克服恐懼，我可以做什麼呢？如果不想再受

到期待的束縛，我需要付出什麼代價？我真的做好準備了嗎？」為了對自己負責，也能接受自己的作法，並且做出新的決定，討論這些問題是必備的過程。為此，鼓起勇氣張大眼睛觀望是必要的，我們才能藉此瞭解與明白，哪個人或哪件事如何造就或改變了我們。這也意味著，我們必須停止美化過去的回憶，找出至今影響我們的經歷與體驗：那些發生在你的家庭裡，或是在你出生之際，被視為「稀鬆平常」，卻可能曾為你帶來負面影響的事。

如果我們只是敷衍了事，不深入去瞭解實情，採用一些固有的老方法，或許能發揮點作用，能用來解決各位的不滿情緒及其他許多不舒服的感覺，就像使用自動駕駛系統一樣輕鬆。但我們選擇用其他的方式，走一種新的路線。以往總有溫柔的導航系統告訴我們該何去何從，但那些都不是我們想要的。因此，我們要讚許那些媽媽們，她們深呼吸、唱歌或倒數十秒，努力不想讓自己發脾氣——相信我們，這些事情連我們自己都曾試過——這也使我們更加堅信，必須檢視生活裡的每個狀況，身為母親或是女性才能更懂得生活的意義，我們才會覺得快樂！

本書涵蓋兩個主軸：我們將細究每一個讓父母生氣、不悅或不舒服的情境，我們想帶給你不同的啟發，讓你能持續掌握不同技巧，幫助你面對各種困難挑戰時更加游刃有餘；我們也為各位準備了所謂的法寶工具箱，但你們必須實際操作它，啟發的內容包含了自我省思的作法及實用的技巧，能讓你藉此重新與你的身體對話，這也是我們處於壓力狀態時最先被忽略的部分，所以我們需要適時的「停下來！」，並將注意力拉回當下。

另一個部分，我們想關注的是先前曾提過的：有關你的生命歷程——更重要的是——你與他人的關係。然後來看看，哪些經歷和人物影響了你，不要再迴避困惑你許久的問題，或許其中有你正想找尋的某些解答。當你身處壓力時，很難抱持著愛的態度去面對孩子，特別是你內在小孩的呼喊聲已大於眼前的孩子。我們的身體會牢記幼時重大甚至創傷的經歷——我們想不起來，卻從未忘懷。和孩子相處的日常裡，充斥著許多觸發回憶的機關，促使我們對過往類似事件的記憶又再度湧現。另外，我們也想和你一起檢視現在所擁有的關係。你如何認識你的另一半？你們總是一起行動嗎？你和別人來往，是出於個人意願或是被責任所牽絆？你是抱持著什麼

只有你過得好，孩子才會真的跟著變好。

態度來建立關係？我們想讓你知道，哪些是你主動建立起的關係，又需要哪些方法才能達成。還有，你是否有勇氣拒絕別人，特別是當你自己也不願意的時候？這也是我們在本書裡想探討的問題。讓身邊的人感到失望，對我們而言也不是件容易的事。你可以盡力試著把一切都做好，前提是你沒有違背自己的心意。

在我們看來，想要達成目標，在壓力、憤怒或其他強烈情緒夾擊下，還能保有耐心，並以平常心應對，逐一檢視自己，都是不可缺少的步驟。說得更明白一些，這麼做是想要懂得和情緒相處，而不是全然被情緒綁架。因為，等到遇上突發狀況時，連應變的機會都沒有。所以，最基本要做的，就是徹底整理「情緒倉庫」：只有你變好了，孩子才會真的跟著變好。把重心放在自己身上，因為你才是最重要的人；將個人的快樂視為首要之務，不是自私而是必要。

我們無法即刻就做到眼前的目標，能不能成功仍是個未知數。如何從透過有意識教養學會自我覺察，是一個從無到有的過程。因此，更重要的是，我們要走的路，以及我們所經歷的一切。我們提供給大家的內容，也讓我們確實受惠。如果用食譜來做比喻，就是我們覺得好吃並且回味再三的餐點。我們想邀請你，選擇適合你的食譜，把它變成你個人的菜餚——如果真的合你的胃口，你就會感到滿足。

此外，如果你也曾想過著以下的生活，記得不可以省略某些「材料」：不想再一直把別人擺在第一位——不管是你的孩子、父母或是另一半——總是把好的一面留給別人；想要更加關注自己，不吝嗇給自己回饋；願意給自己犯錯的機會，並且從中學習；願意花時間在自己身上、陪伴自己，去經營你個人的生活。

做父母是一個過程，當你走著走著，路就出現了。親子教養和關係互動更要從做中學習，讀這本書也是同樣的道理。

你和孩子共同走在這條路上，你陪伴著他們，他們也向你學習如何走過人生的道路。然後，和你從前所想的一樣，孩子們會找到自己的路。他們會做得比你更好、

跑得比你更快——因為他們已經從你身上學會了許多事。

如何使用這本書

這本書正吶喊著：「用我吧！」內容囊括許多啟發、例子、想法，等著你去瀏覽、反思，還有偶爾要完成的練習。期待這本書能緊緊陪伴你！

資訊小盒子：專業人員的協助

我們也想在此提醒你，這本書的內容可能會超出你能負荷的界線。如果你有這種感覺、無法克服困難或獨自完成練習，請務必尋求專業人員的協助。

・等一下！你喜歡在閱讀時拿著鉛筆或原子筆嗎？鉛筆可以，因為你之後可以修改答案或是感想——可能遇上不同生活情境，你的想法有所轉變——請再更新答案。如果你不喜歡在書本上劃記，請準備一本筆記本。你願意的話，也可以將這本書再轉送給其他人。

・別太快下定論！請仔細思考我們告訴你的話，不必害怕把所有事情都弄清楚。我們也鼓勵你去找出你個人的解答！

・花點時間寫感想。我們用心讓所有書裡的圖表讀起來淺顯易懂，努力讓它們看起來美觀。爸爸媽媽很快能理解，不需要透過專家的翻譯解釋。美中不足的是講解人際關係互動模式或是人類大腦的部分。但是，在自我反思的內容方面，將挑戰你的能力，去檢視你個人的立場，並清楚展現你個人關係的互動狀態。

生命是一場相遇的過程。這本書或許只是你人生中的一塊拼圖，讓你認識我們的經驗及對生活的價值觀——這也是我們想帶給大家的。我們也藉著工作的機會，創造出和你們「相遇的時刻」。針對有意識的教養觀念，我們在社群媒體、影音頻道、工作坊也分享許多寶貴的經驗和資訊，這麼做是為了能和大家互動並且分享我們走過的每一步，就像你也想達成的目標一樣。如果你想知道更多，關於兩位作者，或是我們推廣關係取向及有意識教養的心路歷程，請翻閱後記，我們是怎麼辦到的，都有記錄下來。

希望各位讀得開心、收穫滿滿！

| 第一章 |

認識你的「點」

—什麼事會讓你抓狂？—

理解孩子有時對身為大人的我們來說並不容易，有太多事要觀察、學習和發掘。這種探索的渴望及孩子的需求，往往跟大人的想像及規劃有著很大的落差。我們愈能輕鬆以對，愈能好好地認識自己，愈能按照自己的心意生活，就更有機會成功找到有益你和孩子的相處模式，或是可行的方法。

理解孩子有時對身為大人的我們來說並不容易，有太多事要觀察、學習和發掘。這種探索的渴望及孩子的需求，往往跟大人的想像及規劃有著很大的落差。我們愈能輕鬆以對，愈能好好地認識自己，愈能按照自己的心意生活，就更有機會成功找到有益你和孩子的相處模式，或是可行的方法。從實際層面來想：我們能自主，就可能彈性調整工作時間。不管孩子上學或是放假，不必一大早就急急忙忙。我們能和另一半及其他家人保持良好的互動，就不會感到孤立無援，因為有他們的支持。即使上述這些條件還無法讓你過著圓滿的生活，但至少能稍微舒緩緊張的日子。

不過，這些條件對許多家庭來說根本是遙不可及的夢想。彼此沒有放鬆和自主的機會，只有數不清的壓力和相互依賴，大家只能設法去面對。或許你就是在這樣的環境下長大，為了生存下去，你得配合及適應。至於和內在的自己對話，這種重要的自我連結，也會因此而消逝。

你個人壓力的來源正是：你必須扛下所有壓力和責任（但是你真的需要這麼做嗎？）、你所背負的過往經歷，這些都會造成身為父母的你耐心變少，很容易就暴走。

所有的大小事件都可能點燃你的怒火，對孩子而言，和你一起生活，時常變成針鋒相對的局面。

我們曾經問過許多媽媽，在什麼情況下會讓她們的怒氣瞬間飆升？我們想和你一起分享她們的心得——或許能從中找到和你一樣的情況。你可以在下頁勾選出符合自己情況的選項，或是新增其他項目。

我們將利用以下的內容來簡短探討一些行為、教條規範及隱藏在句子背後的期待，並且先提出我們的見解，或許在我們更深入介紹這本書之前，可以帶給大家一些明確的不同想法。

練習時間：導火線清單

我生氣的時候是因為……

- □孩子丟玩具
- □孩子大吵大鬧
- □孩子玩食物
- □孩子弄壞了我重要的物品
- □孩子不整理房間，我受不了髒亂
- □孩子在某件事情上討價還價
- □孩子打我，即使我勸阻，他仍然執意這麼做
- □孩子不想乖乖待在車上
- □孩子用盡方法不想睡覺
- □孩子甩了我一巴掌
- □孩子對我說謊
- □孩子不懂得感謝
- □孩子完全不願意妥協
- □即使我已經很和善地要求孩子，他還是不照我的意思去做
- □孩子要求吃某樣東西，給了他卻又不吃
- □孩子一直喊著「媽媽、媽媽、媽媽」來打斷我
- □孩子們吵架
- □兩個孩子同時間都需要我
- □年紀大的孩子欺負年紀小的孩子
- □先生不在乎我
- □先生曲解我的話
- □有人告訴我，不應該這麼「緊張兮兮」
- □許多人同時對著我說教

□ 沒有人聽我說
□ 別人誤解我
□ 別人對我有不合理的期待
□ 我累了
□ 我肚子餓了
□ 我被忽略了
□ 別人對著我高聲怒罵
□ 我必須使命必達
□ 身旁的人講話太大聲
□ 我覺得自己不太舒服
□ 我已經無法負荷卻找不到支援
□ 我什麼都要會
□ 沒有人同理我
□ 我沒有自己的時間
□ 某些事沒有按照我的計畫進行
□ 我的期望落空了
□ 我的付出沒有獲得重視
□ 我不能退縮
□ 有些話說了幾千遍，卻始終沒有人聽進去
□ 腦袋裡裝著太多的念頭
□ 我必須和婆婆相處
□ 我已經很努力，但好像永遠都不夠
□ 我覺得好無助，因為我把能做的都試過了
□ 你的其他情況：

現在你知道，自己在哪些情況下會生氣了。接著我們想問的下一個問題是：「為什麼？」為什麼你會因為某些事而生氣？為什麼你會對這些事有感？這麼做是為了幫助你持續反思，同時能有效想出一些解決之道。

練習時間：為什麼我會生氣

· 我生氣，是在＿＿＿＿

· 因為我在當下覺得恐懼／期盼／希望／害怕，＿＿＿＿

然後＿＿＿＿

· 在生氣的當下，如果我可以：＿＿＿＿

· 為了讓自己好過一點，我可以做的事，應該說能做到的事：＿＿＿＿

從一些答案可以看得出我們個人（基本）需求的重要性，這些是我們絕對能滿足的條件，像是：

・當我肚子餓的時候，我會不開心
・當我累的時候，我會生氣
・當我身體不舒服的時候，我會發脾氣

當我們累了或餓的時候，很難有能力去思考及保持冷靜，情緒就容易一觸即發，這時候必須睡一下或吃點東西。如此簡單就能辦到的事，卻透露出有意識教養的重要基本原則：身為成年人，我們自己要能做到滿足自我的需求。而且：你很重要！請關心你自己和你的心情。確認你是否把自己擺在優先的位置：別人的幸福是不是比你自己的更重要？在第六章裡，你會獲得更多相關的內容。

練習時間：確認你的期望——還有其他的事也讓我生氣

你可以利用剛才的「導火線清單」來確認自己的情況。相較於你身邊的其他人，當你面對孩子時，有沒有可能也抱持著更多的期待、請求或是擔憂：假使今天的對象換成是你的另一半或是父母，你也同樣會生氣嗎？如果換成朋友呢？情況會不一樣嗎？舉例來說：

・如果我的另一半要求某樣吃的東西，到手了卻又不吃，我就會不高興
・如果我媽媽針對某件事討價還價，我就會抓狂
・如果……，我就會忍無可忍

請你用同樣的方式造出類似的句子，接著在腦海中想一下。

每個媽媽列出來的句子清單，都有一個共通點：她們用憤怒來「反抗」現實，也就是眼前發生的事，而不是去討論當下的情況，並且找出因應的方法。媽媽們的答案也透露出對於未來的不安，或者擔憂從前的事（來自她們兒時記憶）會再度發生。

其他的答案還包括期待落空，還有最常見到一項要求：孩子喜歡表現出特定行為態度，因為媽媽會感到開心。這也顯現出一種情緒的連結，在情感上執著像「如果你……，我就會快樂」這種至理名言。

・如果我的孩子不整理房間，我就會因為無法忍受那些髒亂而生氣
・沒人聽我說什麼的時候，我會發火

・我已經這麼努力，卻沒有一項做得好，我好不甘心

孩子一定要有所改變，我們的心裡才會覺得好過一點嗎？在我們來看，會這樣是因為做母親的感到手足無措，才把這種想法當作是解決問題的方法。我們必須鼓起勇氣，為自己的幸福快樂努力。如果只是依賴他人，我們自己也擺脫不了困境。一味把責任推給孩子，會嚴重影響他們的情緒發展及往後的幸福。

我們應該把已身的焦躁不安看作是一種提醒，自己知道目前過得不好。怎麼做才會讓自己不那麼難受？身為大人的你可以做什麼？你可以想辦法解決。例如：你無法丟下孩子獨自入睡，因為你必須同時照顧三個孩子，這時就找另一半或是其他人來協助你。一個問題對應一個解決方法。至於你自己的精神壓力問題，就該找其他的辦法，適時地轉變自己的心態。請注意方才的用字：怎麼樣才叫做適時呢？我們將在後續的內容裡，進一步探討你的壓力來源，當然也會提到調適壓力的作法。

如果有人跟你說，你不該那麼「緊張兮兮」，或者別人總是對你投以不合理的期待，你會感到不服氣嗎？無論是哪一種情況，都會讓人感到不舒服吧？當你身邊的人給

你這種感覺時，你可以藉機問問自己：「我是不是也這樣對待我的孩子？」你就會跟著釋懷了。你遇到的這些人，他們和你很親近，也挑戰你的個人底線。這不只會讓你悶悶不樂，也會讓你坐立難安，甚至影響你和孩子及身邊親人的關係。請見「界線圓圈」（P.183）、「人際關係互動模式」（P.210）及「擺脫父母」（P.248）等內容，我們會有詳細的介紹。

在我們深入瞭解你的各種情緒之前，我們想利用列舉出來的生氣原因，再討論一個觀點。有兩個原因，在第一眼時看似雷同，但它們本質上完全不一樣：

- 我已經要孩子別這麼做了，他還是會打我，這讓我無法忍受
- 我已經好聲好氣地請孩子配合，他還是不願意，我真的很生氣

如果你的孩子打你，是因為當時正好有機會讓他去表現情緒。在這種情況下，請孩子停下來並沒有意義，因為他也別無他法。你可以先確認彼此有沒有受傷，父母可以想想，該怎麼「解讀」孩子的行為：孩子是在氣你或是別人？他是不是也忍耐到了極限了？是因為誰呢？有沒有可能你只是當了他的出氣筒？

如果你的孩子不對你「唯命是從」，雖然你已經很誠懇地請他配合，那也不過是因為他知道，自己面對別人的請求時，可以用「好」或「不好」來回答，而他選擇了「不好」而已。做為父母的你，其實是想孩子聽命於你——即使你把話講得很好聽。

資訊小盒子：尊重平等的家庭關係

丹麥家庭關係治療師、家庭研究室（familylab）的創辦人——雅斯培．尤爾（Jesper Juul）提出一項已知的概念——尊重平等，意思是：家庭成員間沒有高低之分，各自應該享有自己的權益和受到尊重，對待其他家人也該如此。互相尊重的關係是建立在兩個獨立的「個體」之間，任一方都不該侵犯或「利用」另一方。放任一人獨大或完全自由都不算是尊重的行為。在平等的關係上，彼此的需求、期待和意見都會受到重視。「尊重是讓每一個人的基本需求能被公平對待、被看見、被聆聽，同時尊重他人是獨立的個體。」

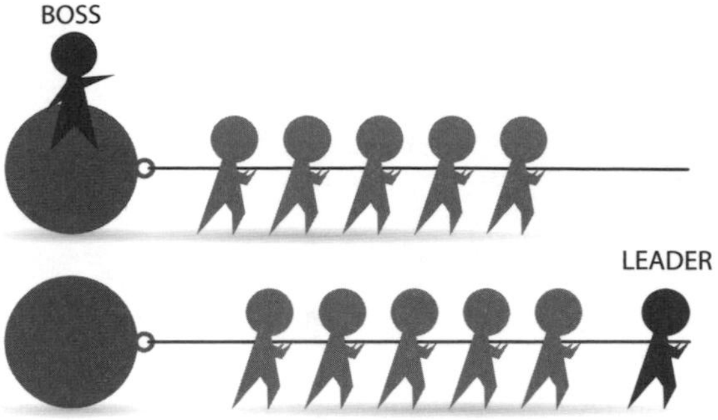

我們像老闆一樣命令孩子，或是用愛心帶領孩子前進，這兩種作法在孩子心目中會產生極大不同的效果。你的孩子願意聽你的話嗎？你自己知道應該坐在哪個位子上了吧？

包著糖衣的藥丸仍改變不了它苦的本質，你的孩子自然也不想吞下去。你可以再一次檢視你對孩子說出的期望，用同樣一句話，但對象換成其他人：「我最要好的好朋友不聽我的話，我就會生氣。」你也會要求朋友必須照你的話去做嗎？應該不會吧。為什麼對待孩子卻是這樣呢？當你能尊重孩子，用同理心陪伴他，自然也不需要聽話的乖孩子。要做到這件事十分不容易，因為你必須重新學習一種新的作法來教育孩子，可能是在你小時候也未曾聽聞過的方式。就先從你的領導風格著手，看看有沒有其他選項，讓孩子能在自由選擇的情況下，「聽命」於你。

我什麼都感覺不到：發洩與壓抑都叫做無感

我們來看看，蘇珊娜和她的女兒蘇菲的故事。不久之前，三歲的蘇菲開始上幼兒園，因為蘇珊娜開始回去工作了。在家庭和工作間，蘇珊娜也拿捏得宜，但固定的工時、額外的代辦事項、每日早起和中午過後接孩子的壓力，讓蘇珊娜和蘇菲都感到疲憊。

蘇珊娜和蘇菲

在這之前，蘇菲已經習慣每天早上悠閒地吃早餐，和媽媽一起讀一本自己最喜歡的書或是去做一些開心的事。她偶爾也可以看電視，就是當蘇珊娜想休息一下，喝杯咖啡的時候。

現在，週一到週五的愜意時光已不復見。每件事都是在匆忙之中進行：起床（「我們今天不可以再賴床了，要快點出門才行」）；吃早餐（「快點吃，不然出門就沒得吃了」）；刷牙（「這樣不對，是要這樣刷，不然蛀蟲先生會把你的牙齒吃光光」）；穿衣服（「藍色毛衣也好，綠色毛衣也可以，穿什麼都好，快點穿就對了！」）；就連上廁所也要抓緊時間（「去蹲看看，你現在不上，等一下上車又想上了！」），一陣手忙腳亂之後，終於可以出發了。雖然蘇菲對這些事都提不起勁，還是悶不吭聲地照媽媽的指示做了，唯獨穿鞋子這件事，要她挑到滿意才行：她不想穿球鞋，就要粉紅色涼鞋！而且要就是要！

蘇珊娜內心很焦急，因為她已經要遲到了，只剩二十分鐘，一定要到幼兒園才行。她盤算著：「要開多久才會到？不對，我還要找停車位，在轉角應該還有個空位。」

這時，蘇菲打斷了媽媽的思緒，她的呼叫聲把蘇珊娜拉回了現實：「我不要！我不要穿球鞋！」

蘇珊娜不耐煩地回應她：「天氣太冷了！穿上你的球鞋！你再不穿，就換我幫你穿了！」

她拿起一隻球鞋，準備套上蘇菲的腳：「我不要！」蘇菲開始大叫。

蘇珊娜把球鞋一丟，對著蘇菲大吼：「不穿就不要穿！你到底在想什麼，笨蛋！我要走了！」

蘇菲被媽媽的舉動嚇了一跳，哭了起來。

蘇珊娜一邊轉身走向門口，一邊大聲地碎唸著自己怎麼會養出一個這麼固執的女兒。她沒有意識到自己的舉動，也沒有察覺從嘴裡不斷冒出的傷人話語，正一五一十地進了女兒的耳朵裡。

過了一會兒，等蘇珊娜回過神來，才驚覺剛才發生的事，她覺得自己糟透了。她根本不想這樣！身為媽媽不該如此，她明明是愛孩子的啊。怎麼一生氣，就無法抑制這些感覺呢？像被海浪捲走一般，無法呼吸，整個人都失去了理智，毫無頭緒。

我們再來看另一個故事，艾莉莎和她五歲的兒子麥斯。也是另一個無效情緒管理的案例。艾莉莎是人人稱讚的好媽媽，因為自己從事幼教工作的緣故，她十分重視教養工作。打從成為母親開始，她讓兒子享有最高的愛護和肯定。「你做得很好」，她常常這麼對麥斯說。她仔細地觀察孩子的喜好、尊重他的想法、留意他的需求，她戰戰兢兢深怕做錯了什麼。

艾莉莎和麥斯

星期六早上六點半，麥斯走進父母的房間，就往他們床上一躺。艾莉莎睡眼惺忪，開口說：「來吧，今天是週末，我們再躺一下賴床！」她的先生艾力克立刻感覺到床上的擁擠，就起身準備早餐。艾莉莎想再躺著睡一會兒，麥斯卻想跟媽媽玩。他搖著媽媽的肩膀：「媽媽，起床！」

艾莉莎深呼吸了一口氣，接著說：「麥斯，讓我再睡一下好嗎！」

麥斯想也沒想就開始：「媽媽，媽媽，媽媽……！」

艾莉莎堅持不睜開眼睛，麥斯就愈喊愈急、愈喊愈大聲。他橫躺在床中間，開始用腳把艾莉莎踢往床邊，「起床！起床！起床！」，他的腳也伴隨著叫聲，有節奏地踢往艾莉莎的身上。艾莉莎痛得想掉眼淚，想大吼，甚至想打兒子！她怒火中燒，理智卻不容她如此。她試圖讓自己冷靜下來，她以往所學到關於重視孩子需求的教養方式，一下子全都浮現在眼前，她心想：「麥斯就是想跟我玩而已，這是他的需求——但我真的受不了了，天啊，我不可以這麼想，我必須要克服！深呼吸，深呼吸！可惡，他真的踢得我好痛，我恨不得掐死他！深呼吸，深呼吸！」

但麥斯依舊沒有停下動作，艾莉莎也放任他繼續踢下去。

這是怎麼一回事呢？看起來，麥斯似乎渴望媽媽能給他一個真正的回應。他彷彿

適時地做出回應，而不是隱忍孩子的行為。

想表達：「媽媽，你怎麼都不理我？」要怎麼做，媽媽才願意理會他呢？有一種說法叫做「個人效能」，意思是：我想知道，自己可以做到什麼程度！對方會做出什麼反應？偏偏艾莉莎非常謹慎，她害怕衝突，只好躲起來。她不想因為自己的反應去影響和兒子的關係，卻沒發現，她的「裝死」也是一種「回應」。所以她忍著不發作，看似成功擋下兒子的吵鬧，其實是抗拒理解孩子的感受。所以她把自己封閉起來，把當下發生的一切和麥斯阻隔在自己的世界之外。

艾莉莎很有可能在小的時候，就學會盡可能隱藏自己的感覺，這樣才能在家裡「活下來」。假設她曾因為表達不滿、憤怒或其他想法而一再受罰——或許也因為她的父母害怕面對孩子感受所帶來的影響力，感到厭煩或者不知道該怎麼處理才好——她只好把這個部分從自己的性格中切除，具體比喻來說，就像把蛋糕切成一塊又一塊。一開始把一

部分藏在內心的小盒子裡，接著鎖進幽暗角落的櫃子，長久以來都不敢表現出來，她的某些性格就安穩地被關在裡頭，她也已經打定主意這輩子就這麼忘了它們，這樣就不會被別人排擠或是討厭。但麥斯卻給了她機會，為了她自己，拿出打開櫃子的鑰匙，提著手電筒，找出那個小盒子。他想幫助她，再次去感受、體會自己的每一種感覺：他「搭配」尤爾的概念（請見資訊小盒子），使出渾身解數讓媽媽受不了，

資訊小盒子：親子的連動關係

雅斯培．尤爾（Jesper Juul）所提出的「親子的連動關係」，是指孩子會因父母的行為有所反應，也會突顯出許多問題、隱藏的念頭、潛意識裡的想法和錯誤的觀念：「你的生活方式我都看在眼裡，接著就習以為常了；我就是另一個你，一個緊繃不已的你；我不想和你一樣，也為了不讓你感到壓力，所以每件事都藏在心裡。」無論是面對哪一種情況，孩子的回應方式都是受父母的影響，不是孩子自願去做或是願意這麼過的。

甚至是抓狂，最後她內心的小火山就爆發了——麥斯或許也因此鬆懈下來。假使艾莉莎自己不願意去弄清楚，相同的「戲碼」就會一再上演。重要的是要適時做出反應，而不是隱忍孩子的行為。

孩子的行為態度會提醒我們去意識到某個未解的誤會。可能在一個偶發的情況下發生的事，就像案例一的蘇菲，因為她覺得媽媽要求不合理，完全不想配合。或許，案例二的麥斯只是單純偶爾心情不好，所以才耍賴，卻踩到了艾莉莎的痛點。沒有人會永遠都處於「最佳狀態」，一直保持愉悅或寬容的心態；要我們的孩子完全聽話或者順從我們的要求，也一樣不合理。

不過，當同樣的衝突場景一再出現，這就意味著是「有害的衝突」。雖然，在我們的日常生活中上演著衝突戲碼，但導火線其實卻在他處。也就是說：每次都因為穿鞋而爭吵，但問題其實不在鞋子。如果刷牙這件事會讓一個家庭陷入不可思議的緊張關係，但問題的癥結點根本不在刷牙，而是因為其他的心結。關鍵是，為了能妥善面對這些事件，必須好好地去釐清原因：是因為短時間內累積太多問題，才導致衝突發生？或者，孩子和你對於發生的事有其他看法？還是，衝突是暗示著另一個更嚴重問題的存在？孩子已經明顯察覺出不對勁，急著想要反應出來，但你或許完全不在狀況內？

雖然在第一時間看來，蘇珊娜和艾莉莎的舉止有著天壤之別，基本上卻反映出同一件事：兩位媽媽都沒有辦法面對自己「不舒服」的情緒，未能仔細去觀察自己的反應，並且懂得去管理、掌握、處理她們的感受。

無論是斥責孩子或隱忍不說：情緒管理就好比是一個關卡，當你無法負荷自己的情緒時，就必須開始去檢視關卡裡的內容。你要做的，不是去找出孩子「做錯」了什麼，而是觀察自己，找出原因。一旦你知道為什麼，就能開始改變你的生活。這只是其中的一部分。另一部分是，當遇到和孩子相處上的困難時，你會怎麼做。奧地利的神經學及精神學家維克多·弗蘭克（Viktor E. Frankl）曾說：看一個人如何面對憤怒的情緒，就知道他是如何被教導成人。你能按下生氣的停止鍵嗎？你想要用不同的方法，確實地關心你自己，然後在理智的情況下，決定自己現在該做的事嗎？

蘇珊娜必須學著覺察自己的身體，以及身體帶給她的訊息。當她發現情緒起伏時，就該停下來和身體對話。艾莉莎也一樣，必須不斷覺察及發現，原來她的腦海裡還有另一個聲音，利用這個聲音去找回安全感，重新和自己「搭上線」。這就是身心治療師湯瑪士·哈姆斯（Thomas Harms）所提出的「情緒急救」概念，他描述情緒波動時，我們可以靜下心來，放鬆地陪伴自己——更具體地說，是和孩子一起調整情緒（詳情請見P.146「共同、自我和外在調節」）。如果兩位媽媽都能瞭解自己，就有餘力去確認，自己的情緒是跟當下發生的事情有關，抑或是過往回憶的餘波盪漾；反之，如果她們想都沒想就開啟對抗或逃跑模式，或乾脆裝死，情況仍舊不會有起色。

我們成為父母的那一刻起——或許也是我們人生中的第一次——就必須學習正視我們的情緒，不要再壓抑，也不要把情緒一股腦兒往別人身上倒。我們會成為讓孩子可依循的領導者，這樣孩子便不會害怕去表達自己的需求、意見和想法；身為大人的我們，要為親子關係、為自己的感覺以及面對情緒負起責任，這就是目標。我們的孩子需要一個榜樣，去學習如何當個大人。

「五韻禪舞」（five rythms）的創始人、美國舞者加百列．羅絲（Gabrielle Roth），想到一段很棒的話來描述這個境界，這段話是蘇珊娜、艾莉莎，以及其他和她們一樣的媽媽們，在面對情緒管理課題時，最想做到的事：

「掌握一個孩子的情緒反應，怎麼來又為什麼出現，不受情緒風暴的左右，而是關心孩子的狀況，這才是最高的境界。哲學家保羅．呂格爾（Paul Ricoeur）把我們想做到的事，稱之為『第二度天真』，這是一種天真的反應、毫無掩飾的行為，它會隨著智慧增長和經驗累積而變得更成熟。所以，我們必須面對情緒，認識它並接受它，才能達到這樣的境界：讓情緒流淌在你的生命裡，這樣我們才懂得擔心自己的安危；我們會變得焦躁不安，是因為遭受攻擊；掛在我們臉頰上的眼淚，是因為受傷而痛苦；當我們展開笑顏，是因為生活步上軌道，自己真正的需求也被聽見。當這一切都實現的時候，你就會開始明白，什麼是愛。愛是流動的情感能量，它支撐著各種感覺，我們要打從心底，直接地把它說出來。懂得愛的人，就不再是幼稚的孩子。」

許多的衝突和「悲劇」都可以避免，只要做父母的我們決定，從自己做起，以對等的心態去營造充滿愛和關心的互動關係，並且時時反思對自己最重要的事。當一個人的情緒、渴望、需求及想法被看見、接納及認真看待時，因為這些感受都有了出口，衝突和紛爭就沒戲可唱。因此，家庭裡成員就能過得開心，互相扶持與信任，大人之間彼此會重視各自的想法與感受。同樣的道理也適用於其他人際互動上：但這些都不會平白發生，必須由我們去開創！

當然，所有的事並不會一直都這麼順利，也不必感到意外：衝突有助於我們個人的成長。年紀小的時候，要能學會認識自己的感受，日後才會懂得去面對它。學會接納自己的沮喪情緒，更是人生的重要課題。

孩子看著我們如何化解衝突及處理情緒：父母有沒有逃避或是隱藏情緒？是不是忍耐不了就乾脆爆發出來？或是父母會調整自己，找尋解決的方法，做出最好的決定？再怎麼完美的關係也會有磨擦的時候，但關係仍舊不會消失，因為這就是關係裡的常態。

為什麼你選擇用這種方式教導孩子？

衝突發生時，我們怎麼回應孩子，又該怎麼做？想要瞭解這些，必須去檢視自己在孩童時期就開始發展的關係。父母及我們身邊的人教會我們「怎麼去愛」，愛是什麼，怎麼表達。很多時候，愛是一種感覺，我們能感受得到它，卻不需要任何的言語解釋。就像人與人的互動關係、看待成功、幸福或滿足感的意義，以及快樂的感覺，也都是同此道理。

遺憾的是，我們從經驗得知，只有少部分的父母在年幼時期，可以在這種教養方式下獨立成長，其他人大多在過去既有的模式下「正常」地長大。這種模式中，存在著一種壁壘分明的權力關係：父母決定的事，小孩只有遵從的分。家中擁有最高權力的人下令，哪些事情可以做，哪些不可以。整個家庭就是一個「共同體」，要說擁有自主獨立的機會根本是微乎其微。父母和孩子之間建立起互信、互愛的關係往往都不受到重視，他們反倒期盼孩子能獲得「群體的認同」或是選擇「正確」的方向。當孩子的意見想法或觀念和父母背道而馳，就被認定成「行為偏差」而受罰，最後就在漠視孩子、忽略他的想法，或是對孩子施以身體或精神暴力的情況下收場。

在你小的時候，因為做出特定行為或表達自己的意見，一再被父母反對，或是他們不斷限制你有新的發展，要求你一定要怎麼做，才會獲得他們的疼愛。你便學會隱藏衍生出來的情緒，連帶地不再透露關於任何你個人對這些事的想法。

神經生物學家格拉特·胡特（Gerald Hüther）受邀至珍琳的部落格「小寶貝與我」，他針對這個議題受訪時表示：被大腦判定「不實用」的那些感覺，會慢慢地「式微」。他舉了一位成功男士的案例。這位男士非常想要找回屬於自己的才能與天賦，並且花時間陪伴他的家人。因為他從小就被教導應該要怎麼表現，才能成為「優秀」又成功的人，受到別人的喜愛和肯定；他主動把自己心中真實的欲望隱藏起來，讓自己看起來似乎很完美。這就是他面對感覺時的因應之道。大腦啟動了肯定他的機制，連帶「激勵」他壓抑及刻意遺忘真實感受的行為：終於，他成功了！他愈來愈害怕面對自己身體的感覺，直到他對這件事完全麻木。

這位男士需要協助，或許就是重新找回感覺，去體會這分正面的能量。因為，他一直以來都十分「善待」自己的感覺，把它藏得很妥當。如果只是告訴他：「你再

感受一下，去發覺自己吧！」，這麼做起不了作用。因為，以往忽略及壓抑感覺的行為已讓他嚐盡了甜頭，他現在需要的是一個能覺察，並且與這分能力共存的機會。

珍琳問到要怎麼做才行，胡特回答：「這時，已有伴侶的人就可以直接利用肢體接觸的方式，像是撫摸對方。這種方式能讓一位硬邦邦的男人突然發現自己原來也有感覺。他的另一半可以協助他去檢視和原生家庭之間的問題，他會因此感到心痛或開始流淚。當他的行為不再受到否定，他瞬間感受到自己被完全信任時，腦海裡對真實感受的恐懼感就會消失了，因為這已超越原本的感覺。一個人長期被恐懼和壓力所包圍，無法承認自己的感受和身體知覺，並不是一件好事。當這個新生的感覺不再因為任何影響而被擊退，對當事人來說就是一種進步。」

我們再回頭來看看你。如果情況和先前的不同，身為孩子的你，會感到「更好」嗎？所有的感覺，生氣、沮喪或難過，你完全都不會表現出來，沒有人會發現，為的就是不要特立獨行，讓大家都喜歡你。或是，你懂得漠視自己的意願，否則會讓你身邊重要的人感到負擔。你要自己去習慣這一切，在你決定這麼做以後，自己的性格和行為也就維持至今。你讓自己的感覺消失，連帶也埋藏了對愛的真實想法。為了不被別人討厭，所以隱藏自己，反而加重了大腦和身體的負擔，他們正喊著：「我好痛啊！」

現在我們長大了，當了媽媽，總算明白自己早已不堪負荷。當孩子正巧觸動我們內心的黑色地帶，我們自己壓抑多年的感受，就一下子全湧上心頭。或者，當孩子用堅定的眼神，雙手插在胸前，清楚地表達他想要及不想要的東西時，我們不得不自問：「呼～我自己到底想要什麼呢？」自己心不甘情不願成為犧牲者，這種自我毀滅的舉動，不只會影響你日後和他人建立起的緊密關係，更會影響孩子：就算我們因為怕丟臉，或是不敢說出受傷的感覺，孩子們也會觀察，或是隱約察覺我們的行為。又或者，因為身體自動產生的「麻醉劑」影響，我們在感到被愛時，會短暫開啟「情緒藏寶盒」，等藥效一過就關上，因為勇氣已離我們而去。然而，孩子想要貼近真正的我們，他們會發現，媽媽身上有某些東西「被藏起來了」。身為大人、身為父母的我們必須學習，不要馬上對著孩子發洩情緒，但也不要一直隱藏自己的感受。

你從小到大學會面對情緒的方法，曾經幫助了你，對你影響深遠。現在，情況不同了，是時候去察覺及瞭解心裡的怒氣了。你要能學著面對感受，衡量自己在困境時，應該努力或放下的事，不要任憑感覺主導你，或一味地排斥它。

這聽起來超乎想像，不容易，卻也是你唯一的機會，能關注自己，鼓起勇氣去探索內心世界。這趟通往你內心的旅程才剛開始：終點還在遙遠的彼方。畢竟，從未有機會練習的事，如何要我們在一夕之間就學會？又該如何去面對那一個一直被否定的自己，只因為我們現在長大，需要它了？這種要求未免過於荒謬，就像期望一個從未站在衝浪板上的人，也可以挑戰最高的海浪一樣。根本不可能！因此，練習是必要的。在這種情況下，還需要個人的進步，持續不斷地反思，還有很多的勇氣。

如何面對孩子的強烈情緒

這本書要告訴你，用成熟、全新及開放的心態，去面對你自己和孩子的情緒。當你調整看待孩子的方式，或是提高自己觀察的敏銳度，包括對自己和孩子的感受，事情就會容易許多。為了讓你在面對這些高強度情緒時，可以更加得心應手，我們和你分享一些基本的原則，幫助你在當下冷靜以對，用適合孩子的方式去陪伴他。

❤所有孩子感覺得到的——你也可以！

一個健全的人格發展和圓滿的生活，絕對少不了要讓所有情緒都有宣洩出口——沒錯，就連不舒服的，還有我們恨不得不要擁有的，像是憤怒、恐懼、難過或是討厭的感覺。不只是針對孩子，連我們自己也一樣。你愈是覺得自己不可能，或做不到讓情緒有抒發的空間，想要教導孩子通常也是難上加難。當你明白為什麼非要面對不愉快的情緒時，就能讓你不再想迅速地「關掉」感覺，反而會用不一樣的態度去面對它：「哦，憤怒先生，你來了！你不必急著走，讓我好好感覺你一下再離開。」

同樣的，孩子的情緒或你的想法也是：你和孩子，都可以去感受所有想要的感覺。

關於這一點，你最想問的核心問題是：身為大人的你該如何面對？

當遇上孩子的感覺時，我們常會問：「好吧，到底該怎麼做？我該怎麼引導孩子？

Stop doing,
start being!

方法跟步驟是什麼？我應該做什麼呢？」談到細心跟用愛陪伴孩子，不單只是很表面地討論做什麼而已，身為家長，我們要起心動念才可以。有一句英文，十分貼近我們的想法：「Stop doing, start being!」

如果你喜歡這句話，請花點時間去思考：這句話帶給你的意涵是什麼？你有其他的作法嗎？你什麼時候去做，什麼時候改變自己？或是同時進行？你什麼時候會有「從即刻起就要做些什麼」的念頭？當孩子發脾氣的時候嗎？當他生氣又大聲哭鬧？還是他哭到不能自已的時候呢？

看看以下的舉動，或許能助你一臂之力。

陪伴孩子時，不該做的事：

・貶低孩子
・誇大言詞
・譴責孩子
・批判孩子
・喋喋不休
・過分苛責
・轉移話題
・棄而不顧
・一語不發
・轉身離去

只要陪伴就好。當孩子需要你的時候，為了孩子，請陪伴著他。你或許可以擁抱他、輕撫他，給他愛和安全感。看著他，深呼吸，體會孩子的感覺，也感受你自己的，此刻，不要抗拒你和孩子心裡的想法。

不必緊抓著那些感覺。就像天空的烏雲，隨風飄去後，會帶來新鮮又乾淨的空氣。就像你在這段時間裡做的一樣，讓孩子再深呼吸一口氣。

❤孩子的每一個感覺都其來有自！

即使你找不出原因或是不明白孩子為什麼生氣，都不該先下任何評論。感受的合理與否不該由我們來決定，感覺就是感覺。如果我們知道孩子發脾氣的確切原因，當然會輕鬆許多，這種機會偶爾會有；反之，就馬上觀察並且找出原因。有可能是因為孩子不喜歡拿到的湯匙顏色，或是一整天下來累了——或者還有其他更深層的原因。

如果類似的紛爭一再重複發生，或是孩子不斷出現相同的行為模式，很有可能是因為家庭氛圍所導致，與當下的情況無關。

感受的合理與否，不該由我們來決定，感覺就是感覺。

孩子是「感知動物」。人和人的互動關係或是互動的頻率，也許我們沒有直接說出來，或者連我們自己大概也未察覺，還有那些我們完全不想承認的，孩子們通通都感覺得到。所以，生活在高壓的家庭裡，孩子就像輪流住在冷氣房或三溫暖裡一樣。如果家裡的互動不熱絡，父母又不敢面對衝突（特別是夫妻之間的不愉快），其中一個孩子很有可能會自認「受到召喚」，要為家裡製造出磨擦或是增加互動的熱度。在不知不覺間，孩子把一切都看在眼裡，卻因此成了「問題兒童」，也逼得大人們爆發出來。就像媽媽一再和孩子之間發生衝突，她高分貝怒吼、生氣及斥責孩子，雖然彼此爭吵「活絡」了家裡的冷漠氣氛，不再是冷冰冰的一片，但這樣的方式和作法未免也太傷人、太不健康了。只要父母任一方都沒有意願處理問題（或用彼此冷戰、分居之類的作法），孩子會因此成為永無止境、不快樂「失衡關係」的犧牲者。如果有些許改變，事情就會有轉機。儘管如此，在危機出現時，一個家庭卻總是忽略最根本、最嚴重的問題。

珍琳

我的女兒總是如此表達她的不愉快——好像她真的沒有別的選擇，大腦只好選擇啟動最熟悉的「反射動作」——大聲哭鬧。我花了好幾個月的時間，想解決這個問題，因為有太多次連我都受不了而崩潰、斥責她，搞得我和她精疲力盡，連帶影響了母女關係。

我試著想找出她大聲哭鬧的時間點，發現有兩個「幕後推手」：一是她被送去讀幼兒園時，還不足二歲半。她在那裡待了二個多月，一直到我們認為她年紀真的太小了，對她不好，所以就中斷了。回家後她還是會突然就爆哭，但次數已少很多。然而，接下來幾個月，她哭鬧的情況愈來愈嚴重，讓我們全家人都吃不消。就在她大概三歲的時候，一個對我來說很重要的人，必須接受一場會危及性命的重大手術。在手術的當天，我有好長一段時間都不知道這個重要的人是否還活著，我的女兒就在一旁陪伴著我。手術之後的幾週仍舊讓人覺得好難熬，有太多的恐懼、擔憂和不安。還好有幾個我女兒很熟悉的人，在那段時間陪著她，但他們和我也有同樣的心情。我女兒明白這些事，她就身處其中，把每件事都看在眼裡，這已超過她所能負荷，不得不釋放出來。

正因我處在極度高壓的情況，即使她明顯地反應出她的感受，我也承受不了。就算有餘力，我也不知道怎麼去回應。這種情況已出現好幾次，我仍然沒有意識到它的嚴重性。其實，如果沒有被壓力包圍，我應該要試著去改變現況，但當時我已經夠煩躁，而且籠罩在恐懼之中：只要聽到手機響，就覺得什麼事要發生，心臟跟著噗通噗通急促跳著。

有一天晚上，我又如往常對著女兒歇斯底里地吼叫，接著兩個人就蜷著身體哭倒在地板上。在這個情況下，我撥了電話給珊德拉，她告訴我：「放開你的心胸，讓感覺進來，不要再去抗拒它了。」她的話猶如一記當頭棒喝，我好像被什麼敲中一樣，於是我讓感覺進來，感受它的存在。接下來，我不再排斥孩子發脾氣的時刻，我開始去觀察她的需求——還有我自己的。漸漸地我愈來愈知道該怎麼做，我明白了這

個過程，不會再急著想掙脫了。

隨著內心的轉變，我的心態、我回應女兒的方式跟著改變，開啟戰鬥模式也逐漸變少了，因為我能看見女兒迫切的需求，不再把她的哭鬧行為當做是針對我的「個人攻擊」，所以我做到了。我慢慢地瞭解，孩子現在需要我幫幫她：一個內心充滿愛的人，能把她拉出感覺的漩渦當中，能夠穩穩地接住她，明白她的處境，陪伴著她面對情緒，不再深陷其中。我讓女兒的怒氣得以紓解，也不再害怕面對她的情緒。

然後，我能做的事也跟著變多了：就像我可以張開手，握住女兒的手；當她哭鬧時，我可以安慰她，陪伴她。我還對自己說：「我不斥責她。」然後讓自己往後退一步。我學會用不同方式去理解她，不一定每次都很管用，但至少我愈來愈懂得回應她，這也是我自己一直期盼的事。重點是，我不再一味發脾氣，盡量保持冷靜，調整呼吸，關注「自己」，也同時關注「她」。

有時結果盡如人意，有時卻也差強人意。不過，我不再像以往一樣開啟自我的防衛機制，反而在一次又一次的練習中，愈來愈理解孩子的行為，甚至可以掌握了。

終於，我又可以成為指引孩子的明燈，起初或許還無法閃閃發亮，但至少已經開啟燈光！

直到我真正去回想發生的事，才明白自己在這幾個月裡過得有多麼糟糕。某個晚上，我坐在陽台上，之前發生的事一幕幕浮現，就好像我的眼前出現許多流星一般。我過著完全不同的生活，我埋首工作之中，使出各種逃避的方法，試著對親愛的人的恐懼感視而不見，就連偶爾冒出頭的希望也讓它溜走，甚至消失。當我明白了所有壓力的來源，也看懂了自己當時的狀況，才知道所有事情都有它的意義。然後，我發現我的孩子，她也在這些事情之中，終於，我想通了。

孩子的快樂不是媽媽的責任

如果我們每個人都能時時刻刻感到滿足，無憂無慮地生活，這不就太美好了嗎？

沒錯，問題是怎麼做呢？真的太困難了。「你有難過的權利！」這句話暗藏著不可思議的力量，也讓人有信心：「沒關係，我不必感到有壓力，或是使出渾身解數，怎麼樣都不讓你的眼淚掉下來！我可以安靜地陪伴著你，看著你，安慰你——只要你需要我的時候，我都在。」還有，我不必扛起責任，我只要在你身旁。就算是在最艱難的時候，這些舉動卻有著無比的效用。

❤孩子的一切舉動都不是為了反抗你，是為了他自己！

你眼裡只看見一個胡作非為的小霸王，每件事和每個人都要順著他的心意，事情沒有照著他的意思進行，就要掀起一陣軒然大波。這是我們避之唯恐不及的事。其實，從我們的觀點來看孩子的行為並沒有幫助，更無法讓我們用愛心、耐心及尊重的態度來陪伴孩子。孩子具有高度社會化的特質，他們依賴父母，而且需要我們給予他們安全感、關愛和引導他們。

❤智慧不是用「餵」的！

一個認為自己懂得比別人還多的成人，更應該有能力去觀察親子之間的互動關係。孩子擁有足夠的能力，並不需要我們去「灌輸」他們什麼。靠著一直以來的生活，我們累積了許多經驗，不過孩子會的、懂的與我們不一樣。我們往往把孩子當成訓練的對象，一直不斷對他們耳提面命「每個人」該做或不該做的事，但我們卻忽略了，孩子是透過模仿來學習行為和態度。英文有一句話說：「Walk what you talk!」，也就是中文說的「坐而言，不如起而行」。

我們必須先瞭解到，自己正帶領一個有「自我靈魂」的人，重要的是，我們建立和他之間的關係，去認識對方，就像導遊一般，用人生的經驗領導著他。做為父母，我們抱持著謙卑的心並且明白，自己並非全能，也需要持續地學習，這將對親子關係有著莫大的助益。

❤就是那麼一下子！

舉另一個例子。嬰兒被獨自留下來的時候，他們不知道媽媽什麼時候會回來；但孩子生氣時，我們做大人的卻可以感覺得到，過一會兒就好了。你試著想想看：那不過是一段很短暫的時間，你必須在這時去克服湧現出來的情緒。讓你在當下失去頭緒的，「只」不過是你的孩子罷了，你的生命不會因此受到威脅。拋開眼前的微小景況，你會看到廣闊的視野。這不容易，卻可一試。

❤孩子只是不知所措

孩子坐在地上嚎啕大哭，瘋狂揮舞著雙手，朝著地面頓足，這就是他感到危急的時候了。當下他只好用自己知道的方式，去抵抗排山倒海而來的情緒。這時的他有別於一般的狀態，他的舉動也不是一時興起，做父母的我們必須瞭解到這一點。雅斯培．尤爾在他的書裡提到，當孩子打父母時，父母們在憤怒當下會做出三種回應方式：

・情況一：媽媽對孩子說：「你讓我太失望了！」尤爾認為這是一種以自我為中心的回應方式。大人把不愉快的情緒歸咎在孩子身上，斥責他，讓孩子感到極度的低落。

・情況二：媽媽告訴孩子不想看到他，並且「疏遠」孩子。這麼做可行，但我們必須要注意：孩子會因此知道母親的底線在哪裡，卻無從認識自己的情緒。

・情況三：媽媽會在當下陪伴孩子，用適合的話語說出孩子的感受。像是：「你覺得生氣、難過、憤怒……」

孩子的心裡有許多感受，必須說出來，這樣他才能恢復；無論我們願不願意，這就是一個過程。因為大腦的發育尚未完全，孩子在面對情緒時別無他法，只能用這樣的方式來表達，當我們明白這個道理時，或許也能幫助我們更妥善地來回應孩子。

你可以幫孩子說出情緒並且陪伴他，也可以把造成你不愉快的原因都推到孩子身上，你要當哪一種父母呢？

❤以愛相隨，以身示範

「孩子不該學……他應該要學……」，當你想用愛陪伴孩子成長，告訴他你想傳達給他的觀念時，你會有這樣的念頭出現。在身心放鬆的情況下，你輕而易舉就能做到，或者當生活平順時，你也能順應孩子的各種作為，並完全拋棄自己從前親身經歷過的高壓管教、脅迫、威權及處罰。這種教養方式會在身處壓力之下又再度重現，也是人之常情。當你身處不安或高壓情況下，做父母的會心想：「但我必須教孩子……」，基於恐懼的心理，擔心自己哪裡沒做到、沒做好，孩子可能因此變成無法管教的可怕小霸王，就祭出舊有的方式來。

請放下這樣的擔憂。靠著愛心、理解和自我反省，我們不會教出小霸王。反倒是我們的孩子會因為我們的態度，懼怕他最需要的人，因為自己不聽話就得受到處罰，也會給他留下印象，這是暴力帶給他的影響。讓我們把教養當成是愛的表現並以身作則，在信任中生活，積極而有意識地去塑造人際關係。

練習時間：你用什麼「角度」看待孩子？

壓力和緊張會影響我們的感官知覺。身處壓力和緊張時，記得要做到，去覺察不斷冒出來的情緒，轉移注意力，讓自己專注在當下發生的事，確認自己是否還用愛的眼神看著孩子，或者你可能正表現出自己也不喜歡的態度。

這種有意識讓情緒暫停和自我觀察是當下必要的作法，唯有這麼做，才能讓你和你的身體受到憤怒掌控之前，讓自己「停下來」！

❤當你招架不住時，請打開救命傘

當你發現自己已經受不了孩子的哭喊、憤怒的表情和所有的情緒時，請說出來，用行動來表示。「忍耐」和「隱忍下來」都不會「解決事情」。你可以退後一步，甚至十步也可以，先照顧好自己！不只是孩子的安全，連你自己的都不該被忽略。

珊德拉

每當我女兒跌坐在幼兒園門口哭鬧不休，我就跟著慌亂起來，其他的家長也會盯著我們看。我只好抓起她回家，因為我的忍耐已經到了極限。

我知道，在眾目睽睽之下，我無法冷靜，更沒有辦法不在意這種情況。只有在家裡，我的腦袋才能重新恢復思考。但是，要輕易從這種情況中抽離，也不是每回都能成功。所以，瞭解自己的界限和能耐，知道怎麼讓自己冷靜下來，是很重要的事。

如果你認為自己在當下被幾千隻眼睛打量評分，更惦記自己在別人眼中是不是完美媽媽，處於這種情況下是無法解除壓力的。身為母親，在此時必須關注孩子的身體狀況，這個扭著身軀的小人兒是否安好，這是我從美國心理學家歐．佛瑞德．唐納森（O. Fred Donaldson）的書《原始遊戲》（*Original Play*，暫譯）中所學到的。核心概念就是不要去制止孩子，他的作法是在孩子的背後蹲下來，將孩子環抱在胸前，雙手不要緊扣，兩手的手心朝下。孩子可以在你的懷裡「扭動」，卻不會傷及自己和他人。

你不必獨自完成！

要是真的別無他法了，你害怕對孩子或自己做出什麼事情來，你可以離開現場，或是躲進浴室裡，這是到了萬不得已時的緊急作法。如果可以的話，快點找救兵。當你無法讓自己冷靜下來，打電話給可以馬上協助你的人。必要時讓婆婆也來幫忙，她和你的立場一定截然不同，但這麼做都是為避免憾事發生；再不然也可以打電話給女性友人聊一聊。

當你發現自己正面臨如此特殊的情況時，我們希望你能讓瞭解狀況的人，陪著你度過這個時期。你可以尋求學過尤爾理論的家庭治療師，懂得「情緒急救」的人員

——就是先前提過的身心治療師湯瑪士．哈姆斯所提出的概念——或者也可向心理治療師諮詢。尋求幫助一點也不可恥，這是勇氣和決心的表現。

| 第二章 |

覺察內心的不滿

—有意識地引導自己，脫離負面情緒泥沼—

在你憤怒及激動時，即使你早就習慣把這些不舒服的情緒壓下來，你的身體也會提醒你，現在該好好去面對它了。你可能會因此感到心痛，但唯有允許你自己去體會和感受，你才能變得更好。

孩子在生氣的時候會有什麼表現？表現出難過還是失望的樣子嗎？在孩子覺得受不了，甚至無法負荷時，他會立即用某種方式來抒發或是發洩嗎？像是流淚或哭喊，他或許會打自己，跌坐在地板上蹬著雙腳，摔東西、咬人或是大吼大叫。即使我們大人（最好）在生氣時沒有這麼做，我們自己也難以承受孩子的行為，因為我們的身體也會跟著經歷類似的過程。

身體裡的憤怒：關鍵九十秒

你大概已經知道，自己在生氣和有壓力時會有什麼感覺：喉嚨緊縮、呼吸紊亂、胸口像被壓住一般。你的身體僵硬、無法放鬆；你會咬著牙齒不放，連下頜都緊繃了起來。再進一步你會被引爆，然後失控：你的大腦開啟了自動反應，釋放出多種化學混合物質，接著流竄到你的全身——這就是你在當下所感受到的感覺。

不過，我要告訴你一個很重要的訊息：這一切過程只會持續九十秒。九十秒當中，

從大腦啟動憤怒的機制，讓感覺傳遍你的全身，最後又離開你的身體，這個過程只有九十秒。

從大腦啟動這個程序，接收到憤怒的訊息，傳遍你的身體，最後消失在身體裡，然後，它就結束了。你經歷了情緒的起伏，意識到該處理憤怒的感受，必須控制它，也都在這九十秒裡發生。美國神經學家吉兒．博爾特．泰勒（Jill Bolte Taylor）在她的書《奇蹟》（*My Stroke of Insight*，暫譯）提到這個過程，她還補充：「在這九十秒後，如果我的怒氣還未消失，原因就出在『我自己決定要讓這個過程留在我的生命裡』。我每個月都想著，是要緊抓著這個過程不放，還是回到眼前的當下，不要再巴著這道感覺。」

這是給身為大人和媽媽的你的一個好消息。不過，千萬不能把這九十秒當成一種期待，對孩子說：「好吧，九十秒之後你就不可以再這個樣子了。」孩子還不懂得掌控自己的情緒，但如果我們給他們機會去學習，他們就會愈做愈好。

從大腦啟動憤怒的機制，讓感覺傳遍你的全身，最後又離開你的身體，這個過程只有九十秒。這短暫的片刻，也讓我們明白一些重要的事：如果有一天，你被情緒困住了，那正是你的大腦正忙於自己的運作。這時的你完全沒有能力去顧及你自己和孩子，也沒辦法在生氣的情況下去陪伴他，一旦你被「啟動」了，唯一能做的就是先照顧好自己。在這九十秒的時間裡，你就是身處緊急情態中，你的大腦和身體也一樣，只有關閉這個自動機制，釐清憤怒的原因，你才有餘力去面對孩子。

幫自己踩煞車，不要干涉你的本能反應，是這個過程中最困難的事。最理想的作法就是在生氣時深呼吸，並且覺察你的身體反應。但我們都知道，要有辦法在這種困難的條件下，做到你想要的模樣，可能還要努力一段時間。這時候，抱持完美的心態反而會適得其反，它可能會導致你再次陷入自責的情緒裡，因為你認定自己又會再次失敗。

你可以設定自己的階段性目標，像是，稍微調整自己長久以來面對孩子生氣時的反應：

・抓著沙發或長椅的靠背，不要抓孩子
・對著牆壁發洩，不要對著孩子怒吼
・可以試著退後一步，不要奪門而出

你的焦急心情會完全反應在你的行為舉止上，所以更要一步步努力朝你想要的方向邁進。一次一小步，反省、失敗、再反省、最後成長。當你覺得眼前的方法行不通時，你可以說出來並且決定自己真正想要的方式。

在你憤怒及激動時，即使你早就習慣把這些不舒服的情緒壓下來，你的身體也會提醒你，現在該好好去面對它了。你可能會因此感到心痛，但唯有允許你自己去體會和感受，你才能變得更好。

我們身為父母，遲早要學著控制及調整我們的情緒，才有辦法對別人伸出援手。這和我們做為大人，去期待別人，像是另一半或是孩子能幫我們把情緒停下來完全不同。或許，下一次你也可以想著：「啊，其實我也可以試著冷靜下來！」特別是當你的情緒到了臨界點時，就這麼做吧！或者擺動一下身體，感受一下當下的自己，再深呼吸一口氣。過了九十秒後，你又可以恢復思考，也更願意努力去處理自己的情緒。

C.I.A：你的救命計畫

請試想一個讓你在瞬間就會抓狂的情境。你走進客廳，看到孩子用麥克筆在沙發上作畫；你拿喝的東西給孩子，他盯著你，在你面前把杯子裡的東西全數倒光；你拒絕孩子的請求，他開始生氣，對著你發飆，捶打你的背，揮拳攻擊你的臉。

從這些事件的情況看起來，在那時，就在當下，你需要能及時因應的方法，好讓你應付眼前的狀況。從現在開始，當你遇到上述的情況時，請記得 C.I.A. 步驟。

C.I.A. 是一種可以在緊急情況下使用的辦法，是由我們所發想出來的一種處理過程。簡單來說，它涵蓋所有棘手情況下所需的重要步驟，哪些可以做，又有哪些千

萬不要做。C.I.A. 是由「Cut」、「Imagine」和「Act」等三個英文字縮寫組成，也就是「停止」、「想像」和「行動」。

・停止：停下來！不要動！就是現在！想像一個你迫不及待想要播放的電影片段，接著按下暫停鍵。就像把從你嘴裡冒出來的話、不加以思索的動作，通通都停止。電影裡的「Cut」代表著必須立即停止拍攝，這時演員可以放鬆和深呼吸，可以脫離角色回到自己。因此，「Cut」以及「Stop」對現在的你來說是最重要、同時也是最困難的事。你必須這麼做，才有機會進行到下一步。「Cut!」能讓你身處壓力時不再受困於眼前的事物，你會把前方一大片視野看得更清楚。還有一件重要的事：關注你的呼吸！

・想像：當你暫時脫離了情緒的糾纏，就能看清自己真正要面對的問題，更能看見事情的全貌。你會發現，眼前的危機並不是真的那麼嚴重，你的生命也沒有受到威脅。所有可怕的情況都是由你的大腦所想出來的，所以你該思考自己該怎麼去應對。你可以在心裡想著那個可怕的片段，接著觀察你的身體反應，仔細發掘心裡冒出來的感覺。感受你自己、體會你自己、保持呼吸的節奏，好好地與你自己相處。你無須匆忙，花點時間陪伴自己。所謂的「想像」是給你自己有逐步檢視起伏的情緒，允許自己去瞭解自動冒出來的負面感受，以及存在腦海裡被「被拘禁」的想法。如果你能細心地去觀察牽動你反應的這些「片段」，並且思索你和孩子接下來的情況，正好能讓你去尋找其他可行的作法。在思考的過程中，我們能藉此去認清自己不喜歡的方式，同時去找出我們想要的替代方案。

- 行動：現在你已經瞭解自己的想法，能和身體、情緒對話，掌控情緒的波動對你來說也不再是難事，你已經可以盡自己所能去面對它，你會因此感到滿足，能按照自己的心意去處理問題。

即使參考了 C.I.A. 步驟，你可能還是不確定自己可以做到什麼程度，畢竟它還是有不足的地方。當你不知道自己可以怎麼做，也可以在當下明確表達出這種不確定感。你不必一直都清楚在事情發生的當下該如何應對，特別是對於你無法接受的方法，而且你也沒有意願去執行。唯有你自己對這些方法有所體悟，才有可能讓你和

孩子（或是伴侶、母親、婆婆或其他人）開啟互動；並且讓你看清，你所感受到以及在乎的人事物。

C.I.A. 的計畫及步驟需要經過練習，你把步驟做得愈確實，就愈清楚自己有喊「Cut!」的能力，漸漸地，你就能在遇到情況時做到冷靜、感受、呼吸等三件事，重新和自己對話，然後知道怎麼面對問題。於是，C.I.A. 就完全成為你個人的方法。

這本書裡的呼吸、肢體練習以及啟發，都是為了幫助你能經常運用 C.I.A. 的步驟，並且更得心應手。其中的關鍵就是不要失去和自己的連結，也就是和自己對話。透過一心二用，可以做到：關注自己、感覺身體和呼吸的變化，於此同時也關心孩子，並且維持先前關注自己的狀態。你願意敞開心房，關注自己所處的情況，與它共存，如此一來就能維繫你和自己、和孩子的連結。

安撫情緒的作法：情緒該往哪裡去？

知道自己在生氣，卻還能維持呼吸平穩，等到所有情緒都過去——要走到這一步還需要很長一段時間。如果你能做到暫停自己的情緒（用C.I.A.的第一步「停止」），特定的冷靜方法就能幫助你，維持「停止」狀態，度過情緒的風暴。所有的步驟不一定能完全適合你，或是引起你的共鳴，但至少能讓你認識其他可行的作法。

人類是群體動物，彼此會互相調整情緒。我們大人應該盡可能不要挑起孩子的情緒，輕聲說話，也要用正向的方式鼓舞孩子，也就是激勵孩子。正向的鼓舞就像是給孩子適當的壓力或是幸福感。孩子在出生之際，還無法完全管理自己的情緒，他需要一個能陪伴他、給他安全感的大人，幫助還在強褓中的他，去協調交感神經與副交感神經之間的作用。也就是說，我們可以在孩子還小的時候，視情況去「鼓勵」而非「抑制」他表達情緒。孩子仰賴我們能為他（陪伴他）瞭解情緒，當他遭遇困難時，我們能穩住他們，不受到情緒的左右。如此一來，他們也會慢慢學著面對自己的情緒。一直以來，我們大人要負責教導孩子去適應情緒的變化，同樣地，在維

繫良好的親子關係這件事上，也要由我們做起，而不是由孩子開始。

我們在年幼時沒能學會面對情緒，當了父母，遇上求助無門的時刻，就會不知所措，並且更加焦躁。要怎麼做才能安撫自己，和不舒服的情緒共處？你在什麼情況下會反思你的壓力來源？當你快被情緒淹沒時，你會選擇獨自面對？還是讓關心你的人——你的伴侶或是朋友——來協助你？

伊莎貝拉

有些人在不知不覺中很早就「決定」靠自己去克服情緒，或許是他們在小的時候，就沒有人為他們承擔這些事。伊莎貝拉在出生的第一個星期就住進保溫箱。後來，她的父母忙於工作，幾乎沒時間聽小孩子的煩惱，在伊莎貝拉對情緒管理還顯得懵懂未知時，也沒有人能協助她，一直以來都是她自己一個人設法去面對。

在她逐漸成長的過程中，每當她覺得自己快不行的時候，就跑到父母的葡萄園裡，在那裡她可以療癒自己。現在她當了母親，她讓自己冷靜下來的方式就是獨自待在家裡，但帶著兩個小毛頭通常也難以實行。伊莎貝拉會什麼都不管，像牡蠣一樣躲進「殼」裡，她可以隱身起來，只有她自己。自主或是內在調整情緒，說的就是像她這樣的人。

她的先生漢納斯的作法和她正好相反，這和他的成長背景有關，他最喜歡和伊莎貝拉有肢體接觸。因為他的母親總是陪伴著他，在肢體上也不吝嗇撫摸、擁抱和親吻孩子（讓人不禁好奇，這時是誰透過肢體接觸得到情緒上的平復，母親還是孩子呢？不過這又是另一個故事了……）。長大成人的漢納斯，在情緒管理上就屬互動型。一個需要別人「撫慰」，另一個需要自己「閉關」，他們之間的種種衝突和誤會如何產生的，我們現在就瞭然於心了。

自我調整情緒的能力，是靠著許多次共同梳理情緒的成功經驗累積而成。它需要長期和自己及身邊的人對話，我們才能整理出一份「情緒指南」：原來我的情緒是長這個樣子！要想做到這件事，就是盡可能在伴侶之間建立起良性的情緒互動關係，如此一來也能形成一個團隊的合作模式。

❤一個人的冷靜時間

此時此刻，你要能有意識地引導你自己，脫離負面情緒的泥沼，專注當下是最有效的方法之一。這麼做能及時將你的專注力引導到某處，不至於讓情緒爆發開來。

好比你可以將自己的注意力放在眼前的事物上，迫使大腦去覺察外在的環境。細數十樣在你周遭特定物品的顏色，或是試著說出你聽到的三種聲音，就看你的哪一種感官知覺最快發揮它的能力。你聞到了什麼？你吃到什麼？如果你覺得當下無法運用自己的感官知覺，你也可以找找符合二十六個字母開頭的國家名稱。

以下提供一些作法選擇。當你一個人的時候，可以幫助緩和情緒：

- 橡皮圈：把一條橡皮圈掛在手腕上，當你感到焦慮時就彈一下，這會幫助你回到「當下」，因為在接收到心理不舒服的感覺之前，大腦會優先知道生理上的痛覺。
- 擺動、拍打、舒展身體：擺動身體、拍拍自己或者舒展一下身體，藉此可以關注身體上的不舒服反應。你的心跳如何？喉嚨好像卡住了嗎？感到胸口被壓住了嗎？伴隨著這些感覺，你心裡會浮現出特定的畫面，仔細瞧瞧它們之後，輕輕地放下。你想這麼做，但腦海裡卻在想其他的事：請持續將注意力放回到身體上，不斷去覺察身體的感受，在活動之後又有何變化。
- 鍛練身體：找一件做起來很辛苦的活動，讓你上氣不接下氣，耗費你所有的注意力。把櫃子往左邊移動個幾公尺，這件事你不是已經想很久了嗎？
- 對自己說「停下來」：大聲對自己說：「停下來，一切都很好！」或許你也可以唸出自己的名字。你不必擺動身體，只要仔細聽就好。
- 微笑：微笑，即使眼前的事讓你不愉快。大約保持兩分鐘的時間，根據證明，身體會帶動我們的大腦，心情也會跟著舒坦起來。我們成功地欺騙了自己（這個微笑是給你自己的。假使你身處在極度焦慮的情況下，突然沒來由地笑了起

來，可能會讓孩子嚇一跳）。

・水：用溫度適中的溫水洗手，或者慢慢喝一大杯水。副交感神經會在這個過程中被啟動，讓你在煩躁時重新找回輕鬆的心情。水也被認定具有「安定神經」的作用。

・來跳舞吧：播放音樂，使出渾身解數地跳舞，釋放身體每條緊繃的神經。用適合自己、覺得舒服的方式來活動，沒有人會盯著你，你可以盡情擺動。你就是你，就是為了你自己。動起來吧！

❤二個人的互助

在情緒高漲時，能有個人支援自己，對許多人來說就像吃了一顆定心丸。你和之前案例裡的漢納斯一樣，是屬於互相調整情緒的人嗎？我們想要藉此鼓勵你，主動去找尋這種能讓你自己安心的互動關係，並且讓你身邊的人知道你能接受的方式：

・和別人聊天：打電話給別人，也可以在對方的語音信箱裡留言，告訴對方你現在想做什麼，或是你最想對孩子說的話。或許你腦海裡會突然閃過「我想要逃跑！」或是「馬上停止這種愚蠢行為」的念頭和想法。你不必將情緒「揮之而去」，只要說出來就好。你也可以假想有一部電話答錄機，把想說的話都錄在裡面。

・讓別人安慰你：對於需要別人拉他一把的人，肢體的接觸具有安定的作用，能緩和他們的情緒，使他們感到安心和被理解，他們會因此覺得平靜和放鬆。就像珊德拉，她就找到一個能和兒子盧卡斯相處的完美方法，在孩子鬧情緒的時候陪伴他，和孩子一同依偎在床上。對他們母子來說，這就是一個具有安撫作用及給予彼此安全感的儀式。需要透過這種方式來調整情緒的人，有大人也有小孩，對他們來說，肢體接觸能幫助他們控管情緒：以伊莎貝拉和漢納斯的例子來看，如果他們雙方約定好，在漢納斯生氣時，太太可以擁抱他，不管他當下有多麼不開心，即使他的情緒是針對伊莎貝拉而來。一開始，漢納斯偶爾還會掙脫太太的擁抱，但之後他就會安靜下來了。

♥夫妻之間的緩和擁抱

我們之中有許多人，在面對孩子或獨處時都能維持平和的心情。很多媽媽（和爸爸）在另一半不在場時，也能自在地和孩子相處。當夫妻面對彼此時，卻很難自在放鬆、管理及控制情緒，也無法冷靜下來。我們的孩子從未停止觀察和模仿我們：原來這就是愛的方式、人與人的關係就是這樣。在某些情況下，他們當然也學會了我們和另一半的相處方式。

美國的夫妻及性治療師，大衛．施納赫（David Schnarch）所提出的緩和擁抱，會告訴你該如何自處。當你的另一半深陷恐懼之中，你能不跟著慌亂嗎？你會保持冷靜，還是覺得自己必須要離開現場？你希望他能好起來，然後你也會跟著變好嗎？再換一個場景——孩子和你僵持不下呢？讓自己冷靜下來，然後優先關注你自己的情況，這就是你唯一要做的事。

緩和擁抱是一個很棒的技巧，能拉近你和另一半的距離。你在學習這個技巧的時候，也會更貼近你自己。

練習時間：緩和擁抱

請留幾分鐘給自己做準備，讓自己冷靜、放鬆下來，放慢你的動作，讓心跳也跟著慢下來。

接著，請你站在與另一半距離二到三公尺的另一端，雙腳踩地保持平衡。當你將注意力放在雙腳上時，先試踩在不同的位置上，然後兩腳再平均施力，穩穩地踩住。

閉上你的眼睛，深呼吸幾回合，持續放鬆，再睜開眼睛。

當你們雙方都準備好的時候，走向對方，保持步伐的平穩，直到你站在對方雙腳的中間位置。

靠近你的另一半，讓自己可以好好擁抱他，這時仍要保持平衡，不可推拉而讓他去重心。

你可以調整自己的位置，停在身體覺得舒服的地方。

在擁抱中讓自己卸下壓力，同時保持呼吸的節奏。

腦海裡會浮現出有關另一半、你們之間的關係，和你自己的許多感受。你會有些排斥，不要投入其中就好。

結束之後，請和你的另一半聊聊剛才的擁抱。通常，擁抱練習的頻率必須持續一週數次，並且長達幾個月。但你之後會感到訝異，這個練習改善了你們彼此相處時的品質。

光想像要和另一半做這種練習，你的身體可能已經緊繃到不行，而且你不禁要問，怎麼樣才能忍住這種感覺？假設你真的這麼想，你有可能把他推開嗎？還是想逃跑？或者僵在原地不動？你是怎麼看待這樣的擁抱練習？

年幼時的傷痛或悲慘的經歷，深深烙印在我們的身體和記憶裡，理智能發揮的影響力，比我們想的來得少了許多。正如同心理創傷治療師達米．查夫（Dami Charf）說的，真正「主宰」我們生活的，是我們的身體和情緒。在緊張的情況下——特別是和我們親近的人在一起時——我們會用舊有的、習慣的模式來回應對方，像是反抗、想逃離或假裝沒這回事，這些都是長久積在身體裡的反應。

為了讓我們適應與以往不同的作法，讓它深植在我們的行為裡，我們必須要親身試驗並觀察感受才行。不只我們自己，連神經系統都會慢慢不斷接受改變。利用達米．查夫或湯瑪士．哈姆斯所提出，同時已用於臨床治療的專門身體引導練習，它是一種全新又自然的體驗及治療方式，就能幫助你學習用正向心態來看待關係，不再恐懼和人親近。

♥有意識地呼吸：關注你自己

我們活著就是在呼吸，但多半的時間，呼吸是不自覺的自然動作。當你有意識地呼吸時，就算處在高壓的環境或是緊張的時刻，也能從容應對，感到安心自在。呼吸也能做為一種評估你當下狀態的檢測工具，基本上從用胸式或腹式呼吸法（又稱

做橫膈膜式呼吸）就能看得出來。

胸式呼吸法可以很快地供給身體氧氣。當我們的身體感到緊張時，自然會用這種方式呼吸，是十分合理的舉動，因為我們需要盡速吸取到氧氣。在恐懼的時候，呼吸也會變得「短淺」。很多人除了用胸式呼吸，也會選擇進入休眠模式。因為，在胸式呼吸法中，是由自律神經來調節吐氣，具緩和情緒作用的副交感神就反而無法運作。「用肚子吸氣，胸口吐氣」的主張，還有過分緊身的衣服都會讓呼吸變得不順暢。胸式呼吸法會讓已吸入的空氣無法完全排出，導致身體無法容納更多新鮮的空氣進入，結果讓人更焦慮。

相反的，使用腹式呼吸法，會需要用到整個腹部的空間。新鮮的空氣可以完全進入腹部，讓副交感神經系統發揮緩和情緒的作用。為了讓自己在焦慮的情況下保持清醒，我們應該要用肚子來呼吸。想確認你會不會「用肚子」呼吸，直接看吸氣時肚子有沒有鼓起，吐氣時肚子收縮，腹部回到平坦。反之，如果只有胸口起伏，就是你用了胸式呼吸法。混合式的呼吸方式，就是胸式及腹式交替使用，也同樣能達到舒緩情緒的效果，很多歌手或演員會這麼做，許多靜坐方法也會融合這兩種呼吸方式。以下的練習將有助於增強胸式呼吸、腹式呼吸的方法，讓你交替使用。

練習時間：腹式呼吸法

坐在沙發上全身放鬆，挺胸收小腹，兩腳著地。感覺到你穩穩地坐著，想像頭頂有一條繩子牽引著你挺直身體。

慢慢地吸氣、吐氣，感受你的呼吸起伏：有沒有感覺到哪裡有不一樣？請停在那個地方幾分鐘。在你覺察的過程中，如果有其他念頭跑你的腦海裡，也無須在意，只要重新回到呼吸的節奏。重點是，你要覺察自己的身體變化，知道自己的感覺。

在你完全專注在吐納之後，請保持坐姿一下子。你感覺到什麼？

接著，請將一隻手放在腹部，觀察看看肚子是否在吸氣時隆起，吐氣時收縮（如果正好相反，吐氣時肚子隆起，建議可請教醫師或治療師）。三十秒或幾分鐘後——

以你是否感到舒服為主——將手從腹部移開，再觀察一下感覺。現在，你感覺到自己的呼吸嗎？有沒有跟之前的不一樣，還是相同呢？如果沒有不同也無妨，重要的是你的觀察和感受，而不是動作。

練習時間：胸（肋）式呼吸法

要落實胸式呼吸法，必須將一隻手高舉在頭上，另一隻手沿著上半身按摩，在你覺得舒服的前提下，維持固定的節奏和力道，持續幾秒鐘。把高舉的手放下，另一隻已「暖身完成」的手也停下來，然後觀察自己的感覺。你感覺到自己的呼吸嗎？身體覺得怎麼樣呢？和之前一樣嗎？接著，換手進行同樣的步驟。

如果你願意的話，也可以和你的呼吸玩遊戲。站直身體，覺察你的呼吸，接著做以下的步驟。

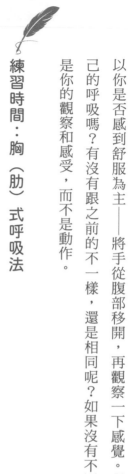

練習時間：呼吸遊戲

上下來回跳躍幾秒鐘，接著站好，感受一下自己的呼吸。是不是有什麼變化？有發現呼吸的節奏嗎？有感受到呼吸的起伏嗎？

接著吐氣「呼」，重複個幾次，每次長度都不一樣，強度也要跟著變化，用這個方式來改變呼吸的強弱，再次觀察呼吸的情況：哪裡不同了？

上半身向前彎曲，停在半空中。頭部和手臂放鬆，然後抬起頭和手臂。現在，你可以隨意發出「哦～～～！」、「咧～～～！」，各種聲音都可以。慢慢將身體收回，將脊椎拉直，回到站姿，觀察自己的感覺。

當你能在放鬆的情況下，經常關注自己的呼吸，就愈能夠在日常生活或是在緊張時，將注意力放在自己身上。透過有意識的呼吸，你就能讓不斷高漲的情緒降下來。

不會輕易被眼前發生的事挑起你的神經，反而用一種旁觀者的角度去看待眼前的事，正是你的呼吸在這時幫了你的忙。

美國心理學家瑞克．漢森（Rick Hanson）特別表示，即使我們真的無法長久將情緒控制在安全的範圍裡，但有自覺地讓日常生活維持平穩狀態，在某些時候或時期可以感到開心，這才是最主要要做的事。（請參考P.138「身處安全地帶：拓展你的容納之窗」）當你發現自己已經不再感到慌亂，你的血壓自然會降下來，心跳也會放慢。這時你只要接受現況，「享受」隨之而來的愉悅心情——花比平常更長一點的時間，大概十到二十秒。你也可以把手放在胸口心臟的位置，去體會那種感覺（也許是舒服溫暖）以及心臟跳動的頻率。

經常這麼做的話，你的身體就會更習慣這種愉快的感覺。要讓大腦被這種感覺「綁架」，好讓它停止專注在你自己想像出來的負面情緒上，還需要一段時間。瑞克．漢森說：「只要美好和愉快的感覺被深植在我們的身體裡，再經由發掘、從內在去體會與覺察它所帶給我們的正面能量，就算煩惱當前，我們也能不動如山。」

❤身體掃描：讓你安靜下來

如果一整天下來，就連為自己找個靜坐或放鬆的片刻都很困難時，請至少在睡覺時留一個空檔給自己，去關心你和你的身體。身體掃描是一個很簡單的放鬆練習，你也可以把它當作睡前和孩子一起進行的固定活動。為了讓你不必帶著這本書，也能馬上在床上放鬆，我們會詳盡地告訴你所有的步驟。

練習時間：身體掃描

請平躺在床上，把注意力移到你的身體，自然且緩慢地呼吸。

感受一下空氣在你的身體裡，為了加強效果，你可以把一隻手放到肚子上（如果你是將手放到背後，感覺會更加明顯）。

想像著，眼前一道溫暖的陽光，正如你所期盼地照耀著你，感受這股舒服的暖意撒在身上的感覺。

接著把注意力移到你的腳趾，它接觸到哪些地方？棉被嗎，還是床墊呢？腳趾有什麼感覺？比較冷還是比較熱？放鬆還是緊繃呢？你也可以稍微活動一下它們。現在，回到剛才的狀態，讓自己放鬆。

然後，把注意力繼續移往你的下肢和小腿。感覺一下它在哪裡？被棉被蓋著嗎？覺得溫暖，還是冷呢？重複上一個步驟，然後回到放鬆的狀態。

接下來掃描各個身體部位時，請重複同樣的問題。從膝蓋、大腿、屁股和陰部、腹部和背部、胸部、肩膀、上臂、手肘、下臂、雙手、手指頭，之後再回到頸部、頭部和臉。

在這過程當中，你可能會睡著。如果沒有的話，請感覺你身體正在放鬆，享受那道溫暖的陽光，讓自己繼續沉浸在放鬆的狀態裡。

| 第三章 |

認真和孩子講話和生活

—我在這裡，你在哪裡？—

原生家庭裡父母曾聽你說話嗎？你自己有聽見內心的渴望和需求嗎？你允許自己說出來嗎？首先確認你的過去經歷，你面對自己的方式，是其中一件要做的事。也會有其他會影響你和孩子溝通的因素，因此我們也想問：孩子真的聽到你說話了嗎？他知道你在和他說話嗎？你如何和孩子說話呢？

溝通出現問題時會導致衝突發生，也會造成你和孩子之間的關係緊張。因此，要怎麼樣才能好好溝通呢？我們要來檢視自己的語言，以及肢體及表情動作。你怎麼說話？怎麼和孩子互動？請仔細觀察，你是否用心表達自己了呢？

媽媽，我聽不到你講的話

當孩子不聽你的話時，你會生氣嗎？還是你會想著，他故意裝作聽不見（或許他真的充耳不聞……）？以上兩個情況你都具備的話，請先確認以下兩件事：是不是某些熟悉的場景又出現了——你兒時的經驗、回憶或是體會，再度碰觸了你現在的敏感神經？原生家庭裡父母曾聽你說話嗎？你自己有聽見內心的渴望和需求嗎？你允許自己說出來嗎？首先確認你的過去經歷，你面對自己的方式，是其中一件要做的事。此外，也有其他會影響你和孩子溝通的因素，因此我們也想問：孩子真的聽到你說話了嗎？他知道你在和他說話嗎？你如何和孩子說話呢？

很多人有一種習慣，隔著很遠的距離喊叫對方，或許你自己也是這樣。另一半坐在客廳的電視機前，我們走出浴室，扯開喉嚨邊走邊喊：「你快好了嗎？我們要馬上出發了！」這種談話的模式一旦成為常態，你的另一半可能會嘟囔著回答：「快好了！」——這種場景時不時在日常生活中上演，這就是我們和別人對話的模式。

不過，要為了每件小事，走到對方跟前，和他面對面，四目相交，專注看著他，然後一字一句說清楚，這麼做似乎太刻意了。但和孩子相處的時候，多靠近他一點，卻可以帶來十足的影響力。不用每次都這樣，但一定要經常這麼做！

資訊小盒子：眼神交流

有意識的家長會在教導孩子時蹲下來。這樣的舉動並不意味著自己低聲下氣，他們反而知道，和孩子談話時，眼神交流的重要性。當你專心看著孩子時，你能額外「讀」出他們的想法，以及「彼此之間的氣氛」。「上對下」的姿態無法建立親子關係，請多用點心、表現出積極且開放的態度吧！

如果你不對孩子這麼做，沒有真正開啟彼此的對話管道，這或許就是孩子聽不見你說話的原因。有可能孩子陶醉在他自己的小世界裡，剛好沒有覺察你在和他說話。

當我們用心在溝通上，就不會平白無故衍生許多誤會和對立。不光是對待我們的孩子，面對其他身邊周遭的人也是：和對方眼神交流，做到主動積極，就能開啟雙方的交談，然後建立起關係。因此，坐在電腦前或是在打掃時，隔空喊話是行不通的。

坦誠說出自己的想法

正好在某些情況下，我們想要表達自己的感覺時，在言語上會採取一種作法，就是把自己和內容人物之間切割得一乾二淨——我們常用「有人覺得……」的機會，還高過於說出「我覺得……」。原本清楚又能表達個人意願的「我不想要這麼做」，變成有點隱晦的「沒有人想要這樣」。請說出你的想法，直接表達！讓你身邊的人知道，你在乎什麼、想要什麼，或是不喜歡什麼，面對孩子時也是。想要這麼做，

你需要勇氣。但你若是躊躇不安，一樣無法和他人建立緊密且穩固的關係。

基於事實的重要性，你必須表明你自己的想法：你覺得煩躁時，你不想對著孩子提起的那個人是誰？應該就是孩子吧！一般來說，以下這種表達方式帶來的後果，就是會被聽成是「責罵」：

- 讓我心煩的就是你！
- 看看你那是什麼樣子！
- 都是你的錯！
- 你什麼時候才會改？
- 你為什麼都這麼緊張兮兮的呢？
- 你又幹了什麼好事？

你一邊貶低孩子，把造成你不愉快的原因歸咎在他身上，然後傷害了他；另一方面，你又熟練地運用這種機會抒發自己的情緒，因此要和孩子建立良好關係的可能性，根本是微乎其微。有些人利用這種方式來逃避事情，這樣他就不必去思考，孩子好不好或是他們為什麼會這樣：當你不需要開口，說出你和事件之間的關係，或是承認你也不知道怎麼繼續下去，你自己也不必去釐清事情的來龍去脈。這看似一條完美的逃生路線，卻很快會來到死胡同裡。所以，在用語上，請以你的立場出發：

- 我現在無法再繼續下去了。
- 我現在不知道應該怎麼做。
- 我現在覺得不開心。
- 我現在就是不知道該怎麼幫你，我覺得很抱歉。
- 我需要暫時透透氣。
- 我不知道自己該怎麼想。
- 目前的情況已超出我能力所及。
- 我只是不知道該怎麼思考下去，因為我現在很無力。

珍琳、瑪爾珍與艾力克斯

我女兒幼兒園的朋友艾力克斯，和他的媽媽瑪爾珍一同來拜訪我們。孩子們在客廳裡玩耍，我們大人就坐在廚房餐桌旁喝咖啡聊天。他們的到訪是在我們和一群媽媽和孩子們的「約會」之後，我們大伙兒剛一起在一家餐廳吃飯。每一回孩子們都湊巧有機會可以坐在同一張沙發上，艾力克斯也總是在沙發椅背上跳來跳去，不斷爬上爬下，沒有一刻安靜。老實說，這對我來說是一種挑戰：我不喜歡他的舉動，那會讓我很不舒服。

不過，今晚讓我更加好奇的反而是艾力克斯媽媽的行為。我唯一能做的就是觀察她的舉動，因為實在是太有趣了。瑪爾珍看到兒子爬來爬去的樣子，簡直坐立難安！我心想，可能是她覺得很丟臉。她帶著不安的眼神望向我們隔壁的桌子，彷彿聽到其他用餐的客人說：「這也太誇張了，這孩子怎麼這樣！他的媽媽是誰啊？」

跟我們的孩子比起來，這種評論對我們來說沒那麼重要。但我知道，有時事情就是沒那麼簡單。在這種情況下，那些話全進了瑪爾珍的腦海裡，她的身體變得很緊繃、雙手緊握著拳頭。她隔著桌子不斷小聲地對艾力克斯說：「艾力克斯，坐好！」……他沒有停止動作，還是繼續做。「如果你不馬上坐好，我們現在就回家！」她會這麼說，是因為她覺得不好意思，也被逼急了，不知道該怎麼做才能改變兒子的行為。

瑪爾珍的態度和她說的話，洩漏出她的焦慮，我自己也感覺得出來。同樣身為母親，我能做的只有一件事：出手相助。因為我已經觀察了好一段時間，也夠了。我邀請艾立克斯坐到我女兒的旁邊，接著開始跟他們聊天。就像大家一起坐著時，會做的事情一樣。我們聊著幼兒園裡的事，還談到今天過得好不好。慢慢地，瑪爾珍不再那麼緊張。在她起身去廁所時，艾力克斯又爬了幾回沙發，我請他坐好，也跟他解釋，在餐廳吃飯時這麼做的重要性。藉此又延伸出另一個話題，兩個孩子跟我討論到他們偶爾覺得困擾的事情。實在是太有趣了！

之後瑪爾珍母子到我們家的時候，我們聊到晚餐時發生的事。她謝謝我和孩子們聊天，讓她在當時有時間可以安靜吃飯；她還問我，這麼做真的「沒問題」嗎？我肯定地說：「當然沒問題，否則我就不會這麼做了。」

我很清楚，瑪爾珍和艾力克斯剛在餐廳裡都不好受。來自四面八方的聲音都說艾力克斯太不安分，太吵了；為了改變兒子的行為，瑪爾珍接受過各方的建議和訓練——但這是一個沒有意義的方法，至少我是這麼認為——她的孩子是不是有什麼地方不對勁，這才是讓瑪爾珍擔憂和不安的事。

她問我，我是怎麼辦到的，為什麼我和孩子都沒有這種困擾？我聳了聳肩：「因為我很冷靜？」她愣了一下。我又繼續說：「孩子不願只為了我們會比較好過，就屈服在我們的情緒之下。在那個情況下，艾力克斯或許也有他自己的壓力。一起在外面吃飯對你來說是必要的嗎？這麼做會讓你比較輕鬆嗎？」

「還是在我們家比較好，」她急忙回答，接著又說：「我不想再和其他媽媽們一起去餐廳吃飯了，下回我想要她們來我們家。」她笑了。

> 你的孩子對你的願望不須承擔任何責任。

這是怎麼一回事呢？瑪爾珍做了一個決定，還找到一個她也認同的解決方法。她告訴我她的想法，說出她心裡的話，她心目中「理想」的聚餐方式。就這樣，他的兒子不再需要負責滿足她的願望，靠她自己就能達成了。不過，現在我更明白她是什麼樣的人，還有她的想法，彼此就能有機會互動。或許這不過是一小步的前進，但慢慢地她會愈來愈能面對自己，對身邊親近的人——像是她的兒子艾力克斯——敞開心胸，說出自己的想法。

接著，請你也想一想：孩子知道你在乎什麼事嗎？哪些事會讓你開心呢？哪些是你不願意做的呢？或者，你自己也有一套潛規則？連說話也是？假設孩子和幼兒園的同學聊起你的事，你覺得他可能會說什麼？

我可以做什麼？

「我可以做什麼？」是我們最常被問到的問題。正因為經驗讓我們明白父母在教養路上束手無策的感覺，所以要我們用一個答案來回答這個問題，著實不容易，大概只能說：「我們不知道。」

如果可以，我們也希望能用一個答案來回答「我可以做什麼？」這個疑問，不只讓你感到認同又能幫助你。因為在很多情況下，我們已經耗費許多力氣和耐心，自己都心力交瘁和無力，迫切需要一個救命的答案。讓別人來告訴我們該怎麼做、一直等待到準備好的那一刻……這些都只是幻想而已。你必須不斷和自己對話，費盡心思去斟酌，只為了找到適合你和孩子的方式。你也可以讓專業人士陪伴你走過這個歷程，但他也無法完全替你代勞。

論及培養出人與人之間良好的關係，沒有一套共同的標準可以通用。這個過程既不容易，也沒有任何捷徑，更不會有人替你達成任務。要回答如何建立人與人之間關係的問題，會讓我們很快就再次進入「有人說」的模式。把焦點放在「有人」做過或沒做過的事情上，導致我們在過去十年裡怒吼了不下幾百次，更鮮少表達自己的想法。如果你真的在意你和孩子的關係，請鼓起勇氣，跳脫以往的思考框架，擺脫僵化的教條守則。你執著在自以為的安全範圍裡，卻仍然不明就裡——既然鞋子不合你的腳，就別再浪費時間不斷試著要穿上它。好好投注在重新發掘你自己想要的事物，在這過程中有耐心地和自己對話，就能找到屬於自己的答案。

我們知道，每個人都有與眾不同的地方，人與人之間的關係也都有它的獨特性。或許曾幾何時我們覺得和對方沒什麼分別——特別是當我們和身邊朋友們比較時——但其實完全不同。

想要弄清楚如何建立人與人之間的關係，觀察、發掘、專注於當下、懂得瞭解自己、覺察他人，這些都是必備的工作。要你做到這些事，真的不簡單，不光是因為在情緒起伏時，要能保持個人想法的運作很困難；有時，所有的事接二連三地發生，

我們根本措手不及，無法重新思考，難以關注自己的感受或是忠於自己的想法。

我們身為母親、陪伴孩子的人、太太、女朋友，身兼工作職務，我們應該要問的不是：「我可以做什麼？」，反而要問：「我想要做什麼？」我們想邀請你，想想這個問題吧。你想要做什麼呢？你完全不想做的是什麼？你會做什麼？用「Stop doing, start being！」這句話去幫助你檢視，有沒有你能努力的方向，然後下定決心去做。拿出你最好的一面，不必期待孩子是否會喜歡你做的決定。

做父母沒有準備好的時候，即便如此我們卻還是會如此期盼。我們所要做的，就是思考、反省，真正認識自己和孩子，重複試驗這個過程，如此而已。我們相信，用某些方式就能得到解答。我們去執行、觀察或感受：做錯了，最理想的就是原諒自己，和孩子道歉，下一回試著去修正。

當孩子發現，父母不再隨意拋出未經思考的話語，他們終於把決定好的事牢牢記住，努力找出解決問題的方法，並且補足身為父母的不足之處，孩子就會感到自己被認真對待。這就是父母的身教，有以身作則的效用。

引導關係
要及時。

引導關係要及時。相信自己有能力去觀察、去參與並且不離不棄：仔細看看孩子，花時間關心他，帶著好奇的心關注他，帶著愛陪伴他，你就能明白他在想什麼。你認識了孩子，孩子也會認識你。固守在一成不變的想法和分析邏輯裡，就是阻礙我們的原因，連帶也錯失了良好的時機。我們必須走入關係裡，表現出積極及願意面對的態度，不僅是對孩子如此，對待我們自己也要這麼做。

說「好」的關係

或許你曾聽說過「說好的環境」這件事。基本上，它就像是在家時，不要用「不」來限制喜歡探索環境的嬰兒或孩子，盡可能允許他們去做任何事。你或許因此不再把有噴過農藥的盆栽放在地板上，而是移到窗台邊或是更高的

地方，孩子在家裡閒晃時就不會摸到它。用這麼簡單的方式來描述「好環境」這個複雜的概念，我們覺得並不適宜，它應該被稱做一種「好的關係」。

關於「對孩子說好」的這個想法，我們想把它延伸至親子關係上，而不是僅限在「客廳」裡。做為家長，我們採取一個「盡可能開放」的態度，而非用限制或逃避的手段，帶頭的想法就是「我想要對你說『好』！」

或許你對以下這個場景也不陌生：在孩子還沒開口說出他的需求或願望時，你已經說「不」。當孩子失望地接著說下去，我們才發現，他想要的並不是我們之前認定的事，但卻遭我們早一步拒絕時，該如何繼續說下去，才真叫人覺得為難。哎喲！

現在該輪到不一樣的「說好」方式上場，有了它就不必擔心舊事重演！當我們同意孩子時，首先必須要聆聽——有耐心地聆聽，直到孩子把話說完。接著我們可以發揮創意，因為我們想對孩子說「好」，即使我們認為他想要的事並不可行。但我們還是願意同意他去做，其實你可以問自己：父母雙方，或是媽媽和孩子一起，要怎麼樣做才能完成？如果是一家人一起呢？

此外：講好了的事，就是講好了，也不可以反悔哦……

當然，你會有一個甚至數個不贊成，也千萬不可以斷然說出口。但我們可以確實地去發掘、思索，然後在深思熟慮之後做決定：我現在就要拒絕孩子嗎？我說不的時候，是真的想拒絕他嗎？還是因為我已經習慣這麼做？我是以今日大人的身分，還是沿襲童年時的模式，來做出決定？

之後更多的好處，會因為這些舉動接踵而來：當你說「不」的機會變少了，孩子也會覺得自己受到更多的重視。孩子明白，父母確實很努力去達成他的需求，也找到一個彼此都能接受的作法。比起為了拒絕而拒絕，偶爾對孩子說一次「不」，會更顯出它的重要性及價值。你也能藉此引導孩子，因為他知道，你在當下真的十分看重這件事。他不會認為：「媽媽又再次拒絕我了。」如同剛才說的，凡事都有例外，真的不要緊。就算如此，也能透過彼此對話，共同找出答案，由此搭起雙方的關係：

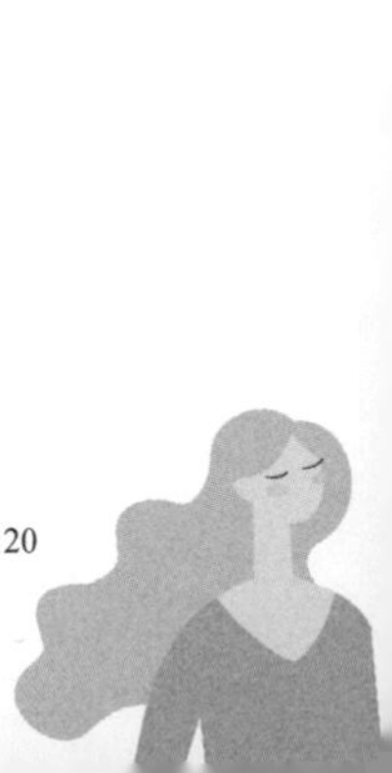

對別人說好，
不等於委屈自己。

．「好，等我們買完東西，我們就來做這件事。」
．「好，但我還不完全明白，我們要怎麼做這件事。」
．「好，明白，說定了！你覺得可以嗎？還是不可以？嗯，那我們現在該怎麼做呢？你有想法嗎？」

請不要把以下的事情弄混了：你答應孩子的同時，是因為害怕讓孩子失望。孩子想要，所以你說好。答應孩子是給他空間，而不是逃避父母自己的想法，這兩者不能混為一談。根據我們的經驗，包括我們自己在內的很多女性，即使內心裡有千百個不願意，口頭上仍然無法拒絕他人。擔心讓別人失望，只好答應別人。如果對別人說好，卻非出於自我的意願，那麼也是時候該做點改變了！

| 第四章 |

恐懼或愛

—哪一個驅使著你？—

那些你不想體驗、經歷，甚至感受的所有事物，都是恐懼的化身：失敗、委屈、被瞧不起、憤怒、仇恨、生氣、擔憂。恐懼也代表那些「不討人喜歡的人」，是你望著鏡子裡的自己時，為自己下的註解；是另一半和孩子不符你的期待時，你腦海裡浮現的想法。逃避的心態無法改變事情，你躲開了這一切，連帶也感受不到它帶給你的情緒，因此也失去看清事情的機會；你閃避某些人，因為他們的行為態度喚起你心中的恐懼感，你也因此離他們更遠。

那些你不想體驗、經歷，甚至感受的所有事物，都是恐懼的化身。

我們為什麼這麼做？我們做了什麼？有兩個原因可以解釋我們的行為：一個是恐懼，另一個是愛。恐懼涵蓋了許多的意思，或許你百思不得其解，心想：「恐懼？呼……我哪有什麼恐懼！」

其實，恐懼的概念或許超乎你目前的理解。那些你不想體驗、經歷，甚至感受的所有事物，都是恐懼的化身：失敗、委屈、被瞧不起、憤怒、仇恨、生氣、擔憂。恐懼也代表那些「不討人喜歡的人」，是你望著鏡子裡的自己時，為自己下的註解；是另一半和孩子不符你的期待時，你腦海裡浮現的想法。這些都是你巴不得避開的事。然而，當你因為害怕去面對和努力逃避某些事情時，卻百分之百會帶來反效果。逃避的心態無法改變事情，你躲開了這一切，連帶也感受不到它帶給你的情緒，因此也失去看清事情的機會；你閃避某些人，因為他們的行為態度喚起你心中的恐懼感，你也因此離他們更遠。

大衛．施納赫曾說過：「當你正在氣頭上時，千萬不要和別人當面對質！」（Never confront when you are angry!）針對這個觀點，我們想再多加說明：當你被情緒淹沒，當下無法掌控它時，請不要找人理論或是做任何事。尤爾也說過：「打鐵不要趁熱！」你能發揮思考能力時，才有辦法妥善地處理事情。如果你被情緒、恐懼、逃避的態度所束縛，根本無法做什麼。我們也並非建議你，總是保持沉默，默默忍耐，這麼做也不會比較好——不，應該說，這不是解決的方法。把怒氣和不滿吞下來也是一種逃避的作為，只是沒有直接發洩出來而已，感覺並不會因此消失。我們建議，你可以在心裡練習去面對你當下的心情。好像太難理解了，是嗎？

舉個例子來說：想像你在打掃房子，在花了不知多長的時間之後，房子終於又再度回復到以往的一塵不染。你走進廚房裡，發現孩子居然在很短的時間內，就把廚房弄得亂七八糟，到處都是麵粉、水和不成形的麵團，孩子玩得樂此不疲。這時應該要生氣，對吧？現在就是最好的時刻，在你不假思索地做出反應之前，可以先聽聽你心裡的想法，請問問自己：

- 我心裡感覺如何？
- 我的身體反應是什麼？
- 是否感覺到哪裡有不一樣？
- 心跳變快了嗎？
- 呼吸變得急促嗎？
- 覺得肌肉很緊繃嗎？
- 你是否正咬緊牙齒呢？
- 是否縮著肚子還一邊提著肩膀呢？
- 眉頭是不是都皺成一團，氣得咬牙切齒了？

你怎麼應付這些在你心裡不斷冒出來的感覺？你現在最不想見到的是什麼？你不想讓廚房看起來像被轟炸過一般嗎？還是你不想知道自己現在的感覺？又或者是兩者都不想？無論是哪一種，你都極力抗拒面對的真實情況。你感受到的就是這樣，

第一步要做的就是去瞭解你現在心裡的百感交集。然後，面對情緒！

廚房就跟你看到的一樣凌亂。你會不會因為這樣就死掉？當然不可能。你覺得你會就這樣死去嗎？此時此刻可能會……！然後呢？難道，你要表現出一副你已經不抱持任何希望的樣子嗎？然後開啟攻擊、逃跑或是眼不見為淨的模式？最好不要！

第一步要做的就是去瞭解你現在心裡百感交集。接著，面對情緒！一分鐘、兩分鐘，你可能會氣得發抖，因為情緒正在你的身體裡流竄。然後，一切就結束了。你大概會花個三天的時間，跟所有的朋友們描述這場災難，但是，它真的就這樣過去了。

如果你的腦海裡閃過某些念頭，請正視、不要抗拒去面對它。當你身處做決定的關頭，不知現在應該怎麼做，因為你還是對某個人心有不滿，這時你可以問自己：「如果愛一個人的話，可能會怎麼做？」然後等待你自己的答案，你就知道怎麼做了（你也可以想像，帶著恐懼感的你會怎麼做。只要你持續思考，事情會進行得更順利）。

當你能徹底從整理廚房災難的事件走出來時，大概會有幾秒鐘感到很吃驚——應該說，短暫的憂心——不過，你不會再把這件事掛在心上，透過某些練習，就知道怎麼處理最好，這樣一切就落幕了。但我們很多人卻還是會耿耿於懷，不是因為他們被瑣事纏身，而是因為活在一個無限恐懼的狀態裡。當我們長期受到恐懼的侵擾時，這種感覺就會一直存在我們的心裡。好比我們在一個激烈爭吵，濫用言語、情緒或肢體暴力的家庭裡長大，沒有人在乎我們是否能承擔，家人們的言行不一（也就是所謂的雙面訊息，請見資訊小盒子），許多事都無法公開討論，父母一方不願意對我們說實話，而且直到現在，我們還認為自己要為父母的心情負責。這樣的案例講都講不完，但所有的一切，追根究柢都是因為我們的父母、祖父母甚至是曾祖父母，他們都是在這樣的模式下長大的。

艾威．格林柏格（Avi Grinberg），格林柏格治療法的創始人，曾在一部影片中，用一張被獅子追著跑的動物圖片，描述這種長期的恐懼感。一般來說，這種追捕的行動很快就過去了，如果那隻動物逃過一劫，就能調適當時的驚嚇感覺，放鬆並且回到以往的狀態。可是，如果獅子連追著這隻動物好幾天，讓牠一直處在不安的情況裡，牠就無法再去應付這種高壓的感受，停不下來的恐懼會一直持續下去，愈來愈深，耗去牠所有的精神。

資訊小盒子：雙面訊息

雙面訊息，又稱為雙重束縛（Double bind），指的是一種溝通的情境。就像一位母親跟孩子說：「去吧，去玩泥巴！」孩子這時心想，我不可以把身體弄髒，畢竟他還是懂媽媽的想法。但兩難的是：要怎麼做呢？孩子不可能去玩泥巴，又保持得乾乾淨淨，因此，根本無法照著媽媽的意思去做，他怎麼做都不對啊！媽媽用如此矛盾的說話方式和孩子溝通，他會無所適從，感到有壓力、困惑和不安。長久下來，被身邊親近的人這樣對待，孩子會因此有生病的可能。

不要再讓自己逃跑了。

類似的情況也會發生在孩子身上。孩子長期處於緊張焦慮的情緒中，不想面對這種害怕的感覺，以及持續的壓力，他會變得畏縮，或者是麻木不仁，把自己關在個人內心的世界裡。

長期處於恐懼環境中的你，有一天長大成人，組成自己的家庭，又會是什麼樣子呢？當你一再想起這分恐懼感，或者是孩子及另一半勾起你害怕的回憶時，你就更加無法分辨，這種感覺究竟是因過往還是當下的事件而起。對你來說，從前的恐懼感又再度重現了，盤踞在你的腦海裡，讓你抽離了眼前的情境。

你試著改變或控制孩子，這樣你就不會再想起之前的事，像是不要留孩子一個人在廚房。或者，你要求另一半不可以留你一個人在家，因為你擔心孩子可能會做出你無法願意承受的舉動。

這種逃避心態可能換來的後果，是你身邊所有的人，都必須活在你所設下的「恐懼地雷」裡，就像你小時候活在父母帶給你的恐懼裡一樣。再者，你的孩子和另一半對這件事的反應會截然不同：你的孩子只能接受，你的另一半卻可以離開，因為他試圖要關心你，卻不得不付出超過他能力所及的代價。

為了不要讓可怕的舊事再重演，我們必須自己去面對藏在心裡、被壓抑著的感受。去面對事實，而不是抱著以往的應付心態，停留在過去的回憶裡中——這麼做才能為情緒找出一個具體的出口，也是我們要做的事。不要再逃跑了，身為大人，你必須重新對待自己，和你的身體對話，運用它並且覺察你自己，讓你的感覺可以重新流動。你現在有了自己的棲身之處，有了安居之地，請讓你自己安定下來！你不再是以前那個孩子了，不會再被丟在一旁。成為你想要的自己吧！充滿愛的你，知道怎麼做嗎？

P.A.S.S.I.O.N 步驟

艾威．格林柏格所提出的P.A.S.S.I.O.N步驟，是一種能幫助你化解痛苦、恐懼和其他不愉快感受的方法。不管是對我們自己，或者是面對他人，我們習慣逃避這些感覺。雖然它是我們生活中的一部分，我們卻視而不見。但逃避卻會加重不舒服的感覺：我們愈是抗拒它，卻被它綁得更緊。為了讓自己感覺不到害怕和痛苦，我們花了大把精力，結果我們的身體卻無法消化這些情緒——在逃避之中迷失了自己。當你處於不安、痛苦或被不舒服的情緒給困住時，格林柏格提出以下的建議作法：

・專注（Pay attention）：當你心裡有不舒服的感受時，不要下意識就抽離眼前的情境，也不要逃開它，讓你的注意力留在這個感覺上。

・認同（Agree）：不管是痛苦或是恐懼，請認同你內心浮現的感覺。

・增強（Strengthen）：更深入去體會這個感覺，放大身體原本接收到的感覺，持續加深。刻意繃緊你的身體是可行的作法，讓你自己如木板一樣堅硬，維持這個狀態幾秒鐘，然後放鬆並回顧剛才的感受。如果你覺得舒服，可以重複剛才

的動作，直到你平靜為止。有更多時間的話，你也可以試試看艾德蒙．亞各布森（Edmund Jacobson）的「漸進式肌肉放鬆法」。將你身上的肌肉盡可能收緊，接著再放鬆。當某個部位收緊時，其他就放鬆。用這種方式一步一步去放鬆你的全身。每個部位都維持五秒鐘的緊繃，然後放鬆十秒。連臉上的部位也可以逐一練習：眼睛、眉毛、額頭、嘴唇、舌頭……，接著回想一下感覺。你可以在網路上找到許多這個練習的詳細解說。

- 停止（Stop）：當你能不再緊繃，完全放鬆時，就是這個過程中最美妙的一刻。
- 吐納（Inhale and exhale）：接著，多做幾回深呼吸和吐氣，舒展你的橫膈膜，讓方才停止的感覺再度流動。雖然還是可以感覺到不舒服，但請不要緊抓著它，就讓它自然消逝。
- 啟動（Open up）：現在你已經放鬆了，可能會感到身體麻麻的、微微地顫動和發抖，這些都是你身體裡流動的能量。
- 重生（New）：嘗試和過去不同的方法或可能性，敞開心胸去迎接它們，去面對從未經歷過的事。

練習時間：自在的一天

你曾經夢見，自己因為恐懼而無法動彈嗎？你因為心裡感到不安而禁止孩子做某些事，或許那些事也未必真的會危及孩子的安全，只是因為你害怕？你身處在許多不愉快的關係之中，卻因為擔心而不願意改變現狀嗎？

那就一起來作夢吧！擺脫了恐懼的你會是怎麼樣的人呢？如果你能有一天不被恐懼所打擾，你會想在這一天裡做什麼事呢？或者，你想做什麼和以往不同的事呢？

請你花點時間思考下列每一道問題和想法，按照你以往的經驗來回答。

- 無憂無慮地過一天，對你來說的意義是什麼？
- 這一天可能會是如何？請你在腦海裡想像那個情景。
- 你會想怎麼過這一天呢？起床之後想做什麼？
- 你會想跟誰說話？會說什麼？
- 在什麼樣的條件之下，你可以這樣度過一天？

- 你真的願意把這樣的想法付諸實現嗎？不願意的原因是什麼？
- 為了擺脫不安，對自己更有信心，你今天做的第一件事情是什麼？

這種意象訓練的方式，是運用我們的想像能力，把自己置身在特定的情境，去體會現場的感覺。在特定的主題中去探索，例如身體對已知情況的反應：

- 想像你腦海裡有個畫面，是你能完全自在和別人交談，這時你會有什麼反應？
- 你和誰在談話呢？你說了什麼？你說話的模樣是如何？
- 對方的反應是什麼？你看了做何感想？
- 心裡的恐懼感又再度冒出來了嗎？
- 跟什麼類型的人交談，會讓你覺得舒服？哪一種人會讓你覺得緊張？

你也可以問問你自己：「我可以做什麼？」或是「我今天可以（思考）或做什麼事？」請你想著：我今天什麼都不怕！特別是在你要做這個練習之前。

想像最糟的那一幕：克服恐懼

讓我們來想想，當自己放手去做某些事情時，可能會發生的後果。我們眼前馬上就會浮現無法跨越的難關，然後又再度失去勇氣。美國企業家兼作家提摩西．費里斯（Timothy Ferriss）建議，就算是這樣，也可以把這股恐懼感當成像朋友或是給自己的提示。我們愈常表現出來的行為，同時也在提醒著我們，自己真正應該去面對的課題：

「在我問了自己一個簡單的問題：『最糟的情況會是什麼？』之後，我便得到了生命中最美好的答案，當下最令人享受的時刻。特別適用在面對從小就開始累積恐懼情緒上，你可以找一個要分析的主題，運用自身的力量，檢視舊時的恐懼以及你偉大的心願。」

方法是，想想一個存在你心裡已久的心願或願望，用以下的方式來分析它：

・當我去做了這件事時，最糟的情況會是什麼？如果為了滿足自己的願望就去執行了，最糟的場面會是如何？

・為了避免最壞的情況發生，或是減低發生的可能性，我可以做什麼呢？

・如果不幸發生最慘的情況，我應該怎麼去改變這個結果，至少不要讓情況太糟？我可以找誰求助？曾經有人解決過這樣的事嗎？

・去實現或是完成一半心願的好處可能是什麼？

・如果我什麼都不做，維持現狀的話，我可能要付出什麼代價（情緒、身體、經濟……）？半年、一年或是十年後，我的人生會是如何呢？

讓恐懼帶領你前進，做你內心的羅盤，不要一直抗拒它；接納它，不要因為害怕自己的不安而無所作為。你的孩子也會看見，你如何面對自己的恐懼，在什麼時候放棄前進，是否在低潮時也能具備愛的能力，這就是做為孩子學習的典範。

| 第五章 |

身處安全地帶

—拓展你的容納之窗—

讓每個情緒都有出口，讓它們得以被抒發，讓孩子體會到自己的感受，這樣他們才有學習面對情緒的機會。他們感到憤怒、生氣或是害怕，卻從未好好認識這些感覺。如果大人們能耐心陪伴孩子走過情緒，孩子就能多認識自己，這個經驗也會讓孩子感到被接納，願意表達自己的感受。

現在你已經知道，憤怒情緒爆發的那一剎那只會維持九十秒；你也能分辨出，你是基於恐懼或是愛才這麼做。然而，假使你的大腦一再讓這股憤怒流竄在身體裡呢？就像我們之前說的那樣，你持續因為恐懼而控制不住自己，一直處於「害怕模式」當中？或者，這種情況不是偶爾發生，而是因為你某天心情不好，就讓這種反應時時陪伴著你，橫亙在你和孩子之間，以及你的周遭人際關係裡，如此又會帶來什麼樣的影響呢？理解自己為什麼這麼容易生氣之後，接下來也請慢慢敞開你的「壓力容納之窗」。

想像有一張舒適的沙發，你非常想要窩在上面。前方有一面牆，牆上有一扇窗。你看向窗外，太陽照在你的身上，讓你全身都暖了起來。你看見沙灘，聽見海浪拍打的聲音，享受著頭上的藍天；空氣裡有著一絲海水的鹹味，你深吸了一口氣，嘴角揚起了笑容，你感到無比滿足。

你內心所見如此悠然自得的一幕，就是你的容納之窗，代表你的壓力容忍程度。有了這種感覺或這種畫面，你也不必仰賴度假了。你大口呼吸，身心放鬆，一點兒

都不覺得累，你望著眼前的景象，完全不會慌張。你的心情就跟剛才的那幅情景一樣，這時你就是身處「窗戶」內，一個「安全範圍」裡，一切都很美好。

資訊小盒子：容納之窗

「容納之窗」（Windows of Tolerance）一詞是由美國精神科醫師丹尼爾．席格（Daniel Siegel）所提出，用來形容一個人處在激動狀態時的回應方式。在這個窗戶裡，你有能力運用自己的方法或選擇思考。在當下知道該如何自處、接收及處理訊息，然後做出合理的回應。在窗戶內，你覺得快樂，願意接納他人，能和身邊的人互動和維繫關係。

過高激發

此時的你已經非常激動、憤怒或是完全失去控制。

調節困難

這個階段的你感到不安，可能被激怒或是生氣。你還未完全失去理智，但覺得十分不開心。

容納之窗

在這扇窗戶的範圍裡，所有的一切都讓人安心。你感到安全，有能力並充滿鬥志面對生活帶給你的挑戰。

調節困難

你開始封閉自己，關閉自己的思考運作。你變得無精打采，感到疲憊。你還是知道自己在想什麼，只是覺得不快樂。

過低激發

你已心不在焉，完全沒有知覺，不論在生理或心理上都已麻木或封閉自己。你不想面對這個情況，只好由你的身體來承擔。

容納之窗的內外界線：激動時的反應

每個人容納之窗的尺寸有大有小，它會隨著我們人生的經歷和體驗而變化。就算你已經準備好抱著輕鬆態度，敞開窗戶迎接所有的挑戰，突如其來的壓力也有可能影響你打開窗戶的意願。容納之窗的大小不會一直固定，它會不斷變動。

有過創傷經歷或是之前提過的雙重束縛情況，尤其發生在童年的事件，會大大影響個人承受壓力的程度。

最糟的情況，就是你的容納之窗只剩下一隻眼睛能看出去的大小。因為抗壓的程度十分有限，所以在許多情況下就難以讓自己保持冷靜和專注，小事情就能讓你失控，身邊總是「危機四伏」。這一扇小小的窗戶完全限制了你個人、你的生活以及你和他人互動的能力：如果你陷入圖中「調節困難」或是「過高／過低激發」的情況中，你的思考就再也無法運作，連處理事情的能力也近乎於零。大腦關閉了自動導航系統，你失去了方向感，無法主動回應困難的情況，只能任憑眼前的事情發生。你成了一個驚慌失措的旁觀者，可能渾身充滿火藥味、想逃離或是呆若木雞，事後你會自問：「剛才到底怎麼一回事？」

> 孩子不願意讓自己比父母還要快樂。

大多數人在平日生活中都能管理自己的情緒。但是，當壓力上來的時候，可能因為換了新工作或是有了第二個孩子，情緒很有可能就會超載，連神經系統都無法負荷。這時需要一些新的想法、不同的思維來消除這些沉重的情緒。最好能找到一個卸壓的工具，能降低壓力，同時讓個人的容納之窗變得更寬廣。

當我們身處在容納之窗的安全範圍裡時，才能成為引導孩子的燈塔。因為你的情緒持續起伏——處於激動或是低落狀態——你就會大吼大叫，或是封閉自己。這兩者都無利於健康的情緒管理，不僅會傷害你自己、你的人際關係，以及孩子的身心發展。

孩子不願意讓自己比父母還要快樂。因此，他們必須先拓展自己的容納之窗，這也意味著，他們必須「成長」得

比父母還快。但這樣脫離父母的保護，會讓孩子陷入焦慮，畢竟要生存下去還是需要父母的支持，他們無法不依靠這份關係。所以，他們最初只能維持他們所熟悉的模式。

「擺脫父母」這個議題，讓許多人在「我想討父母歡心」和「我想做我自己」這兩種想法之間游移不定。很多人甚至在長大以後，有了自己的孩子，仍舊在兩者之間舉棋不定。然後，等到這種不確定性的影響力讓人無法忽視時，它已經影響了自己和孩子以及和另一半的關係。

如果你也是為此所煩惱，現在恰好是你成長和拓展自己容納之窗的時刻。你能藉這個機會學會和建立和他人的關係：不管和伴侶、面對孩子，或是和已成為祖父母的雙親，他們的容納之窗或許也在過去的幾年裡，在不知不覺中變得更寬廣。知道自己是什麼樣的人還不足以解決問題，但瞭解自己卻是刻不容緩的事。在接下來的內容裡，你將會讀到更多自己的關係連結，以及建立它們的方法。

共同、自我和外在調節

人類的大腦是一個具備社交功能的器官：它會經由與人的相處和交流去學習。容納之窗也一樣會因時而異，但沒有任何一個時期能像童年一般，能深刻影響你和他人建立關係、承受壓力的方式，以及你對於人生所抱持的期待。英國心理治療師蘇·格哈特（Sue Gerhardt）在她的著作《父母之愛的力量》（*Why Love Matters. How Affection Shapes a Baby's Brain*，暫譯）寫到，在嬰兒時期的最初經歷，對日後長大成人的自我有極為深遠的影響力，甚至遠超過我們的想像：「在最初的幼兒時期，我們開始體會到了許多的感受，學習如何去面對它們；我們開始用一種方法去歸納我們的經驗，正是這種方式，深刻影響了對我們往後的行為態度和思考能力。」具備如此重大影響力的階段，正是最開始的幼兒時期，它是美國神經科學專家道格·瓦特（Doug Watt）所描繪的：「一段想不起來，又無法忘記的時期。」它影響了你的一言一行和對人生的期待甚巨，雖然你自己早已不記得那個時期。可想而知，要改變你在當時學會面對情緒的模式，真是難上加難，但也並非不可能！

資訊小盒子：共同調節

嬰兒在誕生的時候，他的神經系統尚未發育完全。他最起碼需要一個照護者來當他的「外在保護殼」，為了幫助孩子學習處理情緒，這個人要能理解孩子的感受，可以同理地回應孩子所說的話。前提是，這個連絡人也要能在孩子激動的當下，有足夠的能力管理自身的情緒，不受到孩子的影響。心理創傷治療師達米．查夫說：「共同調節代表『照護者對孩子深度的同理』。」他更進一步說道：「父母對孩子付出全心的關懷，讓孩子清楚地知道，有人陪伴他，能體會並認真看待他的傷痛——唯有這種發自內心的態度，才有辦法做到共同調節。一旦父母有抗拒的心理，不耐煩或是生氣，成功的可能性就微乎其微了。」孩子要到大約三或四歲時，才具備調節自我情緒的能力，可以順利和其他周遭的人建立關係，而父母的關心，會讓這個過程進行得更良好。

孩子剛出生的時候，還無法自己調整情緒。

我們在之前的內容裡也提過，孩子剛出生時，還無法自己調整情緒。他就像「寄生」在照護者的神經系統裡一樣，依賴著對方，讓對方主導他的情緒起伏，不過當然是用他能接受的方式。至於不在孩子容納之窗內的事物，必須由父母適度地和他共同調節。

要能做到共同調節情緒，當媽媽的必須要先能以身作則：你學會了控制情緒了嗎？你的父母有做到這件事嗎？或者，情況剛好相反：你可能必須幫助自己的媽媽面對情緒？現在的你有多少能力可以做到這件事，端看你在小的時候是否學會面對自己的情緒問題。

嬰兒出生時，它仍處於尚未「準備好」的狀態。許多器官的功能都還無法完全運作，直到和他人有了互動才會開啟。頭幾個月裡，這些器官都有一定回應刺激的模式：知

道哪些是正常的。有一種必須調整的情況，是超出或低於幼兒系統所能負荷的正常反應時。蘇．格哈特曾寫道：

「抑鬱母親所生的孩子，除了適應低潮的情緒，也會習慣負面的感受。情緒高亢的母親，她的孩子或許會對刺激習以為常，即使什麼事都沒發生，情緒仍舊止不住爆發開來，甚至只是一點小事，像是做他不願意的事，或是某個人不如他的意（為了因應這種情況，他也可能會封閉自己的情緒）。細心地陪伴孩子，就能滿足他的期待，他知道有人會接納他的感受，幫助他在情緒強烈波動時，恢復到平靜的狀態。藉由他人帶給他的經驗，他就能學會面對情緒的方法。」

你的容納之窗和缺少的關係

現在我們靠著釐清和自己有關的連結，就能立即得到某些結論：嬰兒要藉助身邊重要的關係人，和他共同調節情緒，這是我們已談論過的部分。當他丟出的訊號被忽略，沒有人耐心回應他的呼喊和眼淚時，他首先會感到恐懼與焦慮，直到最後精疲力盡為止。如果就這麼睡著了或突然沉默，並不是他已經感到平靜，而是封閉了自己，放棄掙扎。

孩子最初和重要他人的連結經驗，會左右他日後如何看待自己，是不是感覺被愛，或者認為在世上有屬於自己的立足之地。在和他人建立關係的經驗中，像是互動太少或是太常感到不安，都會為孩子留下創傷。如果孩子是屬後者的情況，在往後的生活中，會因太多的刺激一再覺得有壓力。沒有被大人同理和理解，這種幼時的傷害，讓孩子的容納之窗也相對狹窄，他會打從心底感到寂寞。很多人在成年之後，必須藉助性愛、酒精或是沉迷電視節目來調整自己；或者把自己情緒推給他人來承擔，他們期待另一半或孩子能表現出他們所要的樣子，這樣他就能解脫了。這些人沒有辦法自己調整情緒，反而需要外力的協助，讓他們不至於失控或是跌出容納之窗的安全範圍。對這個長大了的孩子來說，擁有快樂的感覺或是保持愉快心情，是多麼困難的一件事。

不需要利用人生命中特別的、巨大的、難以忘懷的事件，就能留下創傷後遺症或是養成消極的行為模式，這種破壞程度遠遠超過童年帶來的影響。想要更瞭解你自己，最重要是知道，過去幾十年裡主流的教養方式，形塑出神經系統回應壓力的模式，卻獨缺了給人喘息和放鬆的空間。

前額葉vs.杏仁核：壓力下的大腦運作方式

當壓力來臨時，你的大腦會做出什麼樣的反應呢？在受刺激的情況下，原本具有理智、有能力解決問題、處事靈活的你，大腦的反應會瞬間退步。這時，你會自動祭出在幼時被教導應對情緒的方式，因為它早已深化在你的腦海裡。避免讓自己自動陷入情緒裡的唯一做法，就是自我觀察，體會、發掘和接納自己的感覺，並且正視自己在當下的處境。正好，現在做為大人的你必須要學習這件事，因為幼時的你沒有太多機會去嘗試。

讓每個情緒都有出口，孩子就有機會學習面對它們。

到現在，我們仍然可以發現，在許多家庭裡，某些特定的感覺會被壓抑：父母總是努力想控制孩子的情緒，像是生氣或難過，這些所謂的負面情緒，會很迅速地被忽略。所以，孩子一下子就從痛苦中被否定，或是沒有人在乎他的感受。「印地安人才不怕痛！」或是「這一點都不痛！」，我們總是一再聽到父母對孩子這麼說。這些刻骨銘心的感覺從來都沒有被好好地重視，也讓孩子無法用健康的心態學會面對情緒。

讓每個情緒都有出口，讓它們得以被抒發，讓孩子體會到自己的感受，這樣他們才有學習面對情緒的機會。他們感到憤怒、生氣或是害怕，卻從未好好認識這些感覺。如果大人們能耐心陪伴孩子走過情緒，孩子就能多認識自己，這個經驗也會讓孩子感到被接納，願意表達自己的感受。

千萬不要在孩子覺得受傷或心痛時，告訴他一切事情都沒這麼糟糕，最親愛的人無法對自己感同身受，會讓孩子的心裡覺得矛盾，他會自我懷疑：「我的感覺錯了嗎？」如果你小時候也曾被如此對待過，感受被大人否決，等到你長大為人父母時，會難以同理孩子的情緒。你小時候的不滿情緒，會直接挑起你想逃避和抵抗的心理，感到壓力朝著你襲捲而來。你的呼吸亂了節奏，不再平穩，不安的感覺逐漸占據你的腦袋，然後你失去了原有的理智。

我們之前也說過：當你自己都拉警報了，就更不可能在這種情況下陪伴孩子，更別說一邊控制自己情緒的浪潮，一邊還要有耐心地接住孩子的脾氣，根本是分身乏術。德國嬰兒治療師湯瑪士·哈姆斯（Thomas Harms）在他的書《嬰兒的眼淚不可怕》（*Keine Angst vor Babytränе*，暫譯）中，比喻得十分貼切：燈塔的守門員，應該給飄流在暴風雨中的小船信心，為它指引方向，卻瞬間熄滅了燈塔的光，說他要下班去了。

你開始去尋找自己為什麼會出現某些行為態度，又為什麼會有如此強烈的情緒反應時，或許就會發現，自己就像美國精神科醫師丹尼爾·席格（Daniel J. Siegel）所

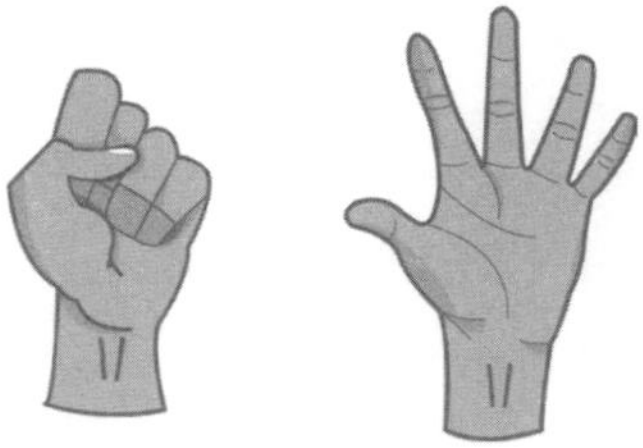

說的，是在和內心裡的未竟之事搏鬥。沒有解決的事情會緊跟在你的左右，讓你時不時就陷入困境。這一類的事件會剝奪你面對孩子、另一半，甚至是你自己的應變能力。當你個人的過往回憶，在你遇到壓力時，就不斷地冒出來，讓你無法聆聽孩子的心聲，感受不到自己身體發出的警訊，要有效解決問題就更加困難了。然後，你又開始重複以往回應情緒的模式，不斷做出毫無幫助且讓其他人更加沮喪的行為。

為了讓你看清，我們在哪些情況下能成熟地思考解決方法，什麼時候會自動陷入固定的思考模式，丹尼爾．席格用手掌和拳頭來說明。我們的手代表人的大腦，分成「陷入情緒時」（手掌）和失去理智（握拳）兩種情況。

請仔細看拳頭的部分。根據丹尼爾．席格所提出的圖示，指尖觸及的地方就是人的大腦前額葉。它要花費約二十年的時間

杏仁核無法區分危險的真實性。

才能發育完全：你也因此具備自主思考、反省自我和行為的能力，例如：懂得時間和邏輯的概念。我們對著一個三歲的孩子說：「你自己想想做了什麼事！」不僅傷害彼此的關係，還會讓孩子一頭霧水，因為依他的大腦發育情況，根本無法聽懂你的話。像是「你吃太多巧克力就會蛀牙！」，孩子無法分析諸如此類的思考邏輯，也超出他的大腦能理解的範圍。

接下來，象徵大腦的手掌圖，裡面是杏仁核及邊緣系統，所有的感官知覺都匯集於此，我們的大腦偵測到環境時，會開始分辨四周安全與否。這裡也負責儲存情緒記憶，像是我們經歷過的事，以及六歲到十歲時的記憶，當然還包括「下載」的功能。你小時候遇上壓力時的回應方式？你如何適應家庭生活，讓自己安然過日子？你對愛的認知和感覺？人際關係對你的意義？無論我們有沒有印象，每一件事情全都會儲存在這個地方。正因如此，我們不得不留意自己給孩子的身教，它甚至比我們對孩子耳提面命來得更重要。

不過，問題就出在杏仁核無法區分危險的真實性。真正的危險，是你的孩子追著一顆已經滾到街上的球。反之，某個人的一句話，讓你覺得不安；或者你的孩子跌坐在大賣場地上聲嘶力竭地哭喊，這就是所謂的社交型危險（兩者都會超出你心理能負荷的範圍）。前者，在真正危險發生的時候，你的大腦會下達指令讓你立即去處理，這不僅是必要也是很正確的反應。如果我們這時失去理智——像拳頭圖示一樣——在遇上危險時，根本不會想到應該做什麼，反而會陷入情緒（手掌圖示），必然無法因應危險，而且還渾然不知。至於在社交型的危險中，像是面對哭鬧不休的孩子，就不需要做出如此立即的反應。但是，你的大腦仍舊會下達指令，所以你說的話和做的行為，其實都不是自願的，正是大腦的「反應」所致。你下意識的行為，不只是「不像你」，還未徵求你的同意。你沒有覺察自己的作法，而是讓大腦操控了你。

如果有一個明確的指示，讓我們的前額葉在遇到壓力時就運作，那該有多好？不

你可以生氣，這是無可避免的事。重要的是「怎麼生氣」？

必再解釋，每個人就會明白，也不會像以往一樣直接跳腳、哭泣、崩潰、大怒……然而，現在並沒有所謂的徵兆，所以更需要你在這個時候對自己說「停下來」！這時，關注你自己的感受是最有效的作法：你是否被情緒被包圍了？或是你能冷靜地發現「我在生氣！」，並且好好地處理你的怒氣？

孩子沒有辦法做到如此，他們還在所謂的「搖擺不定」時期，擺盪在「有意識」和「無意識」的情緒之間，還在「拳頭」和「手心」之間來回。這不僅累人，而且沒完沒了。

這時就該「共同調節」上場了：幫助孩子調整情緒，就是身為父母的任務。融入他們的情緒，帶著堅定的態度陪伴孩子，他們就能冷靜下來。在生活步調快速的時代裡，要持續保持輕鬆，觀察自己的感受，真的是一項挑戰。

沒有人能做到不間斷地關注自己，大腦的反應能力也不會一直都完美無誤，我們亦無法時時刻刻都意識到自己的言行。但是，為了和身邊的人相處，營造健康的互動關係，一定要提醒自己「停下來」！當你發現，自己在情緒低落時，想做些或說些什麼，有滿肚子的話想傾訴：這或許就是你感到無力的時刻。假使你能夠在這個時候關注自己，不急著逃離當下——受到刺激和做出回應這段極短的時間內——你就能知道生氣的原因，並且做出適當的處置。你可以生氣，這是無可避免的事。重要的是「怎麼生氣」？你維持住自己的情緒，就能幫孩子調整他的。在先前的 C.I.A. 救命計畫中，我們曾經介紹過相關步驟，以及在你冷靜下來後的後續作法。

練習時間：認識你的容納之窗

你可以拓展自己的容納之窗，讓自己變得更有抗壓性。但前提是，你必須先清楚知道，什麼情況下會讓你感到不安和危險。要找出答案並不簡單，但你可以在不同情境中觀察自己的身體反應變化：

- 你在什麼情況下會直冒汗，心臟狂跳？

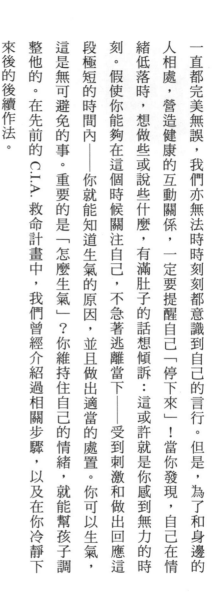

• 什麼時候會緊咬著牙，或是覺得胸口感到一陣壓力？是孩子不聽話的時候嗎？

• 之前已下定決心的事，在什麼情況下會讓你產生動搖的念頭？是孩子在眾目睽睽之下跌坐在地上不起來，讓你尷尬、丟臉至極的時候嗎？

你可以再回想日常生活中，你感到有壓力的場景。你曾如何反應？這些反應是在容納之窗裡面？還是外面呢？

情境一：

情境二：

情境三：

拓展你的容納之窗，即時解救你

容納之窗的特別之處，在於你想改變的並不會超出原本的範圍裡。你想要調整你的容納之窗，讓它變得更廣、更寬，所以你專注在窗戶內的每個角落，那些讓你覺得安全自在的地方。在這個範圍裡，你可以盡情實驗新的作法。

拓展個人容納之窗的第一步——認同自己的真實處境。會不會你總是處在壓力之下，只是自己從來不自覺？既然如此，現處於舒適圈內的你，擺脫了恐懼纏身，就能去做些有別以往、能帶來美好感覺的事。像是重新認識你的身體，好好檢視自己的感受——參加覺察身體的訓練、接受身心治療、透過和他人的互動，或是創傷治療的方式——都能讓你感到耳目一新，藉此拓展你的容納之窗。

如果你的容納之窗是因為創傷經驗才變得極為狹小，上述這種自我療癒過程反而顯得強人所難，因為這種和別人之間的小小互動，可能就會讓你陷入一種不安的情境，連你自己也無法處理。即便是開心跟快樂也會引起情緒的波動，有一些人必須

先學著接納這種正面的壓力，想像美好的感覺是什麼。不只有負面的感受會讓我們跌落情緒的深淵，正面的情緒也會。自我調節，「維持在安全情緒範圍」裡，是要我們學會放鬆自我，即使壓力找上門，也一樣安然自在。

要讓你的身體發揮自我覺察的能力，專注在當前的情況，可以結合一些簡單就能在日常生活中進行的練習。只需花不到一分鐘的時間，就能讓你放鬆和平靜下來。我們希望你時時切記，在感到安靜和自在的時刻，持續關注你的身體，有意識地觀察自己的感覺。這就是所謂的憑空練習，當你已經體會過，也知道身體如何反應，在情緒來襲時，就能懂得去應對。

練習時間：集中精神、雙腳踩地、慢步行走——身體覺知練習

- 集中精神：放鬆身體呈站姿，把一隻手放在心臟的位置，另一隻放在頭上或肚子上。深呼吸幾個回合，讓你的呼吸又深又長，去感受胸口的起伏。感覺一下

空氣在你身體，吸氣時腹部隆起。慢慢地吐氣，讓空氣離開你的身體，你會發現，身體已準備好迎接新的開始。

- 雙腳踩地：放鬆身體呈現站姿，把注意力放在兩腳，感受一下腳底下的地板，它正承載你的重量。施力在腳底的不同位置上，往前、往後、往旁邊；活動你的膝蓋，彎曲接著伸展；將重量平均放在雙腳上，只要穩穩地站著就好，不必做任何動作。
- 慢步行走：慢慢往前走，行走時就專注在步伐上，有沒有感覺到你的雙腳輪流接觸著地板？感受一下膝蓋的活動，還有你的臀部跟脊椎；變換走路的速度，看看你身體有沒有不一樣的感覺。

美國心理學家蘿拉．柯爾（Laura Kerr）列舉出許多種練習，適用於身處高度壓力時，重新找回放鬆的感覺。我們將在這裡介紹其中的幾項。

練習時間：擺脫急性壓力，讓你鬆一口氣

- 沮喪時：挺直身體坐在沙發上，想像你的雙腳穩穩地定在地板上；或是挺胸站直。觀察你的四周，逐一唸出看到的物品。
- 害怕時：深呼吸幾回合。可以的話，找張沙發坐下來，或是躺在上面，拿件被子蓋住身體。蓋住頭部對某些人也會有幫助。
- 突然聽不見了：輕按你的前臂，同時觀察你身處的環境，慢慢恢復你的感覺。你看到、聽到、聞到了什麼？也可以摸你周圍的物品，留意手接觸物品的感覺。
- 心跳加速時：不要在意你的心跳，把注意力轉往你的雙腳。感受雙腳踩在地板上的重量。想像你的腳底下有樹根，正牢牢地把你固定住。
- 有衝動想傷害自己或他人：不要在激動時搥牆壁，把這股感覺移往你的雙腳。接著慢慢把注意力從腳上轉往雙腿、上半身、手臂、脖子，最後是頭部。感受你和地板之間有一道連結的力量，緩慢地深呼吸，讓你的注意力持續放在身體的感覺上，離方才的憤怒和失望愈來愈遠。

| 第六章 |

我的快樂，我作主

—將自己放在優先位置—

當我們過於投入在別人的事情上，對自己、另一半和孩子抱持著高度的期待，通常就會陷入這樣的情況裡：我們扛了太多的事，弄得自己精疲力盡，或許也因為這樣失去原有的能量，無法帶著耐心面對別人。一次又一次，關係從此失和，成了一種負擔，一種煩惱。現在，該是重新檢視自己的時候了。

你會不會偶爾想起沒有孩子的時光？雖然當了母親讓你感受到美好和喜悅，卻還是隱約會渴望某些東西？或許從前的生活對你來說相對輕鬆一些，至少在自己有壓力或難過時，不用像現在一樣必須先顧及某些人，也不必花那麼多心思在別人身上。

有關係也意味著承擔責任。一個人生活，你只要為自己負責就好——當然在婚姻生活中也不例外。你要花時間和心力去關照你的需求、願望、想法、念頭和計畫。當你決定要踏入一段關係時，你要承擔的責任也會跟著變多：不光是為你自己，還有你身邊的人，你要投注心力去建立一段關係。突然間，因為這段關係所衍生出的兩人生活，就是讓你們彼此遇上問題、情緒漩渦和心理壓力的來源。如果你坐視不管，用不成熟的方式處理，不只你的另一半會難受，你自己也會遭殃，因為彼此生活的氛圍會生變。

如果你們溝通得宜，決定共同面對問題，反而能提升責任感，也就是對彼此的承諾。你們能一起承擔共同生活中的大小事，包含某種程度的妥協、磨擦、學習機會和改變的必要性。（希望）你們是在這樣的共識下一起生活，不只是為了對方，更

是為共同的幸福，相互的敬愛和尊重。在精神上、視覺上（因為你們結合，就形成兩人的世界，是一個看得見的空間）、相處的氣氛上都該如此。在兩人世界裡，彼此願意分攤責任，透過共同討論找出解決問題的答案，這就是一段對等的關係，是公平的，你們是一個團隊。

當孩子來到你的生命中時，絕大多數都會伴隨著新的、額外的責任。如果你是單親，就必須自己扛起這些責任；有夫妻關係的兩人，你們對彼此更顯得重要，但同時也有可能更依賴對方。你們此時此刻要建立共同的家庭規範，更不能忽略夫妻的相處品質，因為這會永久影響家庭關係。不管你是單親或有另一半，現在你不能只關心一件事情，而是要關心一個人，一個你要對他負起責任的孩子。這些所謂額外的責任，你本來就都有了，現在只要你接受它，盡你所能去完成。這一分責任也增添了父母兩人的工作量和壓力，也正是因為多出第三個人的要求、願望和心理需求，父母必須把這些當成自己的事，額外花時間來處理，而且是二十四小時不間斷。我們的孩子離不開我們，另一半也可能比從前更加依賴自己，有一部分是因為休產假或是經濟上的短缺。這個時候的依賴不會讓人感到自在，反而是被逼迫的。因為自己身上的某個東西不見了：一部分的自我，為的就是從原先的兩人世界變成「一個家庭」。

這時，剛當上祖父母的雙親，通常又會想介入新手爸媽的生活，這麼做會讓兩人一方面感到輕鬆，卻也有壓力。一切都要看祖父母的干涉程度，我們也要先確認，自己是否發覺，有自己必須非盡不可的責任與義務。是不是有你自己也沒意識到的潛規則，像是「用你爸媽帶小孩的方式，就不會弄得一團糟！」或是「每個週末都要去看阿公阿嬤，讓他們可以看見孫子。」這些潛在的責任會讓你喘不過氣來，對健康也無益，甚至連你自己也沒有發覺。這部分我們留待「擺脫父母」章節會再進一步討論。

釐清了責任歸屬之後，接下來要問：「以關係為本的生活是什麼意思呢？」這是指，在共同生活的概念底下，履行自己立定的承諾，不傷害自己的尊嚴和自主權，同時也保護他人的。這也表示，父母親必須為自己，也為家庭成員的互動負責。換言之，父母首先要不斷地自我學習與修正，特別是在自我覺察、情緒管理、表現出

成人的態度和減輕壓力等方面。以關係為本的生活也意味著，你要時常問自己：我現在想要什麼呢？我要如何與你建立關係？

想想你自己！

隨著外界每日的變化，許多責任、對彼此關心和相互的牽絆也會跟著愈來愈深。對此，我們的腦海裡浮現出一個想法，要承諾的事怎麼會日益漸增呢？現在就要問：在眾多人的評批和指教之下，你如何看待自己分內該盡的義務呢？你是如實照做，還是快被不斷累積的壓力給壓垮了呢？為了撐下去，你或許會竭盡所能去做？每一次，當我們決定去做某件事，或答應某人去做新的嘗試，我們也少了其他不一樣的機會，起碼也會失去一

> 以關係為本的生活也意味著，你要時常問自己：我現在想要什麼？我要如何與你建立關係？

些時間。做了父母以後，失去「頂客族」的頭銜；進入一段關係之後，不再是單身的身分。我們必須為每一項決定付出代價，得到的同時也意味著失去。不過，要是你在這條路上，在某個地方失去了自我，會怎麼樣呢？若是你不再關心自己和渴望的事物，是因為感覺上也沒有多餘的力氣和時間，又該怎麼辦呢？

很多時候，我們不再清楚自己的方向，不知道自己應該優先處理的事。當我們過於投入在別人的事情上，對自己、另一半和孩子抱持著高度期待，通常就會陷入這樣的情況裡：我們扛了太多的事，弄得自己精疲力盡，或許也因為這樣失去原有的能量，無法帶著耐心面對別人。在有壓力的情況下，即使感到些許不安，我們應該能心平氣和地接受它，卻突然被情緒給主導。在情緒發作的當下，我們又開始落入慣性行為的模式中，聽到自己口中冒出從來不想說出的話。一次又一次，關係從此失和，成了一種負擔，一種煩惱。現在該是重新檢視自己的時候了，請你也問自己：

- 「我做到自己該做的事了嗎？我有好好照顧自己嗎？」
- 「我是否用自己能力所及的方式，去盡到身為伴侶和父母的責任了呢？」
- 「我是否具備足夠的條件，如果沒有，我可以怎麼改變呢？」

金字塔中的優先順序

還記得飛機上的氧氣面罩嗎？你會先幫誰戴上它呢？機長、你的另一半還是孩子？——都不對，是先幫你自己。我們提到家庭時，腦海裡會出現一種優先順序：我們會影響夫妻間的相處，夫妻關係會影響家庭關係，我們和孩子會把相處的狀況表現出來。因此，我們必須由自己先做起，充分地關注自己為優先。

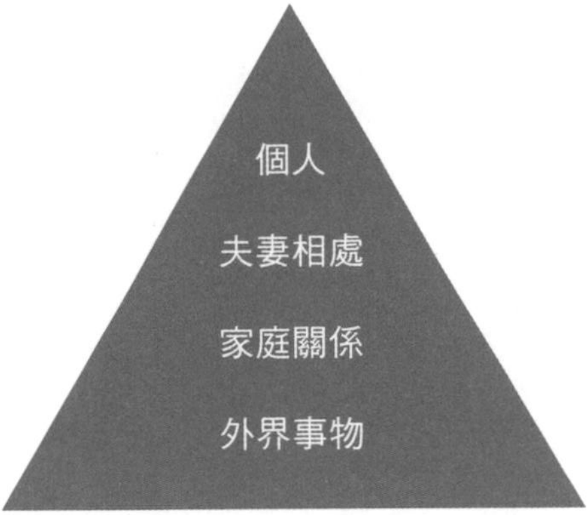

❤「意識」是改變的第一步

我們可以在金字塔頂端，在「個人」之上、再填入像是「靈性」、「上帝」、「命運」等詞彙。因為有一些東西本來就是我們無法操控的，它們比我們更為強大。

儘管如此，改變的第一步就是開始擁有自我意識，必須懂得什麼事情優先，你才不會累到無法喘息。就像心臟一樣，它必須自己先有血液，才能供給其他器官和身體部位。唯有照顧好自己，你才能把心力分給身邊其他重要的人。

練習時間：排列我的金字塔順序

你眼前自己的金字塔是什麼模樣呢？另一半的又是如何？你們的是一樣的嗎？你們把最重要的事擺在哪個位置上呢？你可以讓另一半或孩子畫出你的金字塔，然後再交換。你們彼此的感覺如何？和你原本想的吻合嗎，還是正好相反？這樣的金字塔會帶來什麼影響呢？你怎麼看待自己的金字塔呢？你能改變它嗎？要怎麼做呢？

你的想法愈明確，改變的機會就會跟著提升，你也能一步步修正自己的金字塔。

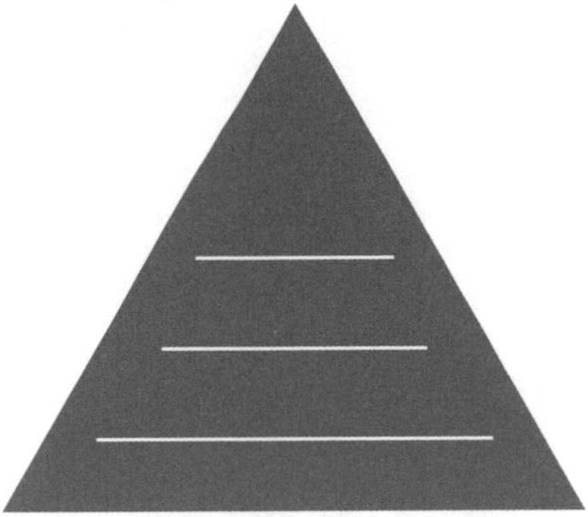

個人條件和生存素質的差異

心理治療師達米．查夫讓我們明白什麼是個人條件：「它是一個人所擁有的所有能力，有了它就能掌握自己的生活，保護自己或是達成目標。」還有一個人的行為、能力及能量，也都算是一個人的條件，我們運用它們去完成某些事情，或是改變現況。當然，所有能讓我們掌控人生的能力都同屬其中。

接著，達米．查夫又提出個人條件和生存素質的差異。所謂生存素質，是指每個人所採取的態度和行為模式，能幫助一個人穩定下來，或是在某種情況中求得生存——基本上是對他們極為不利的情況，像是選擇自殘或是酗酒或許都是為了讓自己活下去。或者，逃避自己真的很喜歡的人，因為無法忍受他對自己的好。開心、快樂、和平，這些正向的感覺會讓某些人排斥，反而無法發揮它原本的功能。有過創傷經驗的人可能會出現這種反應，因此，開心的感覺卻成了壓力的來源。正向的刺激也是刺激，等到學會接受這些陌生、不熟悉的感覺後，它們才會真的起作用。如果你自己也是害怕快樂感覺的人，一定要讓自己學會這件事，否則你會一再抗拒好事發

你必須學著讓神經系統和身體記住開心的事情，如此一來，你的容納之窗就會逐漸敞開了。

生，把好事變成壞事，自己卻無法接受。你必須學著讓神經系統和身體記住開心的事情，如此一來，你的容納之窗就會逐漸敞開了。

當你思考自己所擁有的條件時，也試著區分兩者的不同。同時，你必須誠實地面對自己：從什麼時候開始，你的某種條件讓你受害，成為你的負擔？或許，周遭的人就能給你答案。他們是否指責你喝酒喝過頭？說你買東西毫無節制？他們受不了你的潔癖和控制欲？你捫心自問：他們說的有沒有道理？是不是點出你的模樣，看見你內心那個與眾不同的你，還是不被愛的你？或是兩者都是？

練習時間：個人條件和精神負擔

我們曾在探討夫妻關係的影片中，用天秤來呈現個人條件和精神負擔這兩件事。或許你家裡沒有合適的天秤，要標記不同砝碼的重量也可能過於繁瑣，好在用老方法也可以做這個練習。請拿出一張紙，在中間畫一條垂直線，在線的左邊寫下你所擁有的條件，右邊寫下你的精神負擔，也就是生存素質——你要活下去所「需要」的東西，不過它會奪走你的能量，讓你不舒服。

現在你可以清楚地看到，你已具備的某些條件，可以用來平衡負擔那方的重量。把你紙上的清單想像成是一個天秤：是條件那方比較重嗎？或是兩邊一樣重呢？或是負擔已經過重，連條件也不足以與它抗衡？

然後請想想，要怎麼做才能具體地減輕精神負擔，你又能創造出哪些新的條件？

認識壓力程度量表

如果你試著凡事都面面俱到，總是用各種方法讓一切完美，你會先壓垮自己。要做的事情太多，要負的責任永遠都不嫌少，還有工作上的待辦事項……即便如此，仍舊還是要陪伴孩子。

呼！永遠都沒有休息的時候。讓你陷入壓力的真正原因，生活上哪些事讓你最頭痛？利用瑞士心理治療師古意．波登曼（Guy Bodenmann）設計的「壓力程度量表」讓你一目瞭然。利用這個方法，可以讓你從圖表上就清楚知道生活中的壓力來源，你也可以藉機思考，該怎麼調整才好。

練習時間：壓力程度量表

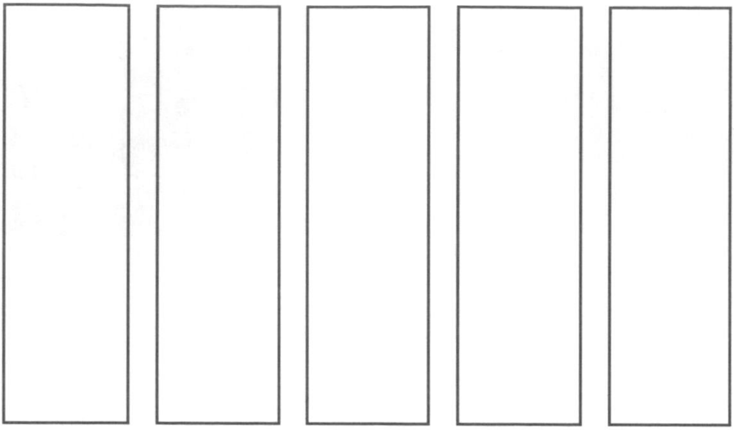

壓力程度量表：壓力分布圖

每一個區域都代表著你的壓力來源之一：家庭、工作、休閒時間、夫妻關係、原生家庭，請你列舉出他們對你的意義。讓你感到最多壓力的區域，請畫滿顏色；壓力中等的請塗至一半；壓力最小的部分只要畫一點點就好。你個人的壓力程度分部圖就逐漸成形了，而且每一個項目都有一個極需改變的地方。

現在，你可以按圖索驥，思考該如何調整每一個區塊：你已經具備哪些條件，你可以或可能用這些條件來減輕這個地方的壓力？請先思考：

- 「在哪些事情上，我可以不必耗費這麼多的心力？」
- 「我可以具體調整哪些作法？」
- 「誰可以幫忙我？」
- 「我可以進行哪些事項呢？」
- 「目前我最想解決哪個部分的壓力？」
- 「為什麼我不相信可以有改變的空間？真的是這樣嗎？」
- 「我是否在這件事情上表現得恰如其分？或是讓自己陷入不必要的壓力之中？」

你有好好照顧自己，並把這件事排在第一位嗎？你是否具備足夠的條件來處理精神壓力呢？什麼事困擾著你？你可以怎麼解決它呢？在這個章節裡，你已經花了許多心力在問問題與回答。當我們明白，什麼事讓我們精疲力竭，每天要面對哪些壓力的來源，在生活中，就能得心應手去面對這些事情。更重要的一點：不要成為這些事的受害者，你是擁有改變能力的人，一切就掌握在你的手中！

｜第七章｜

認識自我領域

—你的界線想像之旅—

當我們想善待自己並投注心力和孩子建立關係時，認識自己和他人界線就勢在必行。想要緊密的關係、自主的生活方式，一定要為自己設立一個界線，才能讓你適時喊停並重新開始。

我們相信圖片的威力，還有比喻和象徵性的表達方式，能突顯曾被隱藏起來的事件和枝微末節的細節。在讀這本書的過程中，你已經看到許多次「認識自己」、「和自己溝通」，還有「自我連結」等用語。有關和身體對話的可行作法，我們也介紹過了。現在，我們要更進一步，教你運用圖片。

根據我們的經驗，這個方法會幫助你去細察自己，更加看清或是有機會認識你個人的界線。因為，當我們想善待自己並投注心力和孩子建立關係時，認識自己和他人界線就勢在必行。想要緊密的關係、自主的生活方式，一定要為自己設立一個界線，才能讓你適時喊停並重新開始。

現在，想像腦海裡有一條線，然後畫出一個圓圈，這就是我們想推薦給你使用的圖像方式，一個屬於你自己的小圈圈。這個範圍是為你自己所設置，容納每一樣能滿足你，還有那些你討厭的東西。裡面住著你的感覺、情緒、欲望、想法和自我意識。

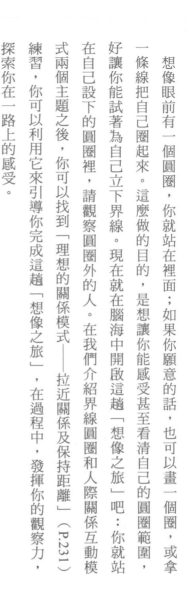

練習時間：認識你的界線圓圈

想像眼前有一個圓圈，你就站在裡面；如果你願意的話，也可以畫一個圈，或拿一條線把自己圈起來。這麼做的目的，是想讓你能感受甚至看清自己的圓圈範圍，好讓你能試著為自己立下界線。現在就在腦海中開啟這趟「想像之旅」吧：你就站在自己設下的圓圈裡，請觀察圓圈外的人。在我們介紹界線圓圈和人際關係互動模式兩個主題之後，你可以找到「理想的關係模式——拉近關係及保持距離」（P.231）練習，你可以利用它來引導你完成這趟「想像之旅」，在過程中，發揮你的觀察力，探索你在一路上的感受。

你的圓圈也是你的「責任」，這正是拜倫．凱蒂所說的——你必須扛起那些責任。會如此強調這件事，是因為你的孩子和另一半也有自己的圓圈。一旦我們只「顧及」他們的圓圈，甚至在行為或言語上去「干預」它，很快就會影響我們和他人的相處，然後我們會不敢相信，自己居然在這件事上受挫。這就像一個媽媽對孩子說：「快穿上衣服，我都覺得冷了！」她就踩進孩子的圓圈裡了。這個命令聽起來不但不合理，基本上就跟媽媽要求孩子整理房間一樣，因為她覺得房間看起來太凌亂了；或是媽媽要求孩子吃光盤子裡的食物，因為她認為孩子還沒吃飽。

許多大人在相處時，也都免不了要踩一下對方的界線。最常見就是用「我認為這樣很好」來包裝自己的越線。在許多大大小小的越線案例中，最典型的就是爺爺奶奶不顧一切，對教養孩子的事下指導棋，因此逾越了界線。而且，如果你選擇其他作法，不按照當初你父母教養你的方式，無止境的衝突可能會接踵而來。

有些祖父母會對你感到不解，偶爾還會困惑地看著你，但他們會盡可能尊重你的作法。或許他們也該鼓起勇氣，感受一下你陪伴孩子，想和他建立對等關係的意願。假設連他們都能敞開心胸去接受新的方式，帶著好奇心去試著和孫子建立平等的關係，這不也很好嗎？別懷疑，真的有這樣的祖父母哦！

也有一些祖父母會一直認為自己不受尊重，只因為你不是按照他的方式帶小孩。會有這樣的反應也不意外，因為看見你斷然拒絕他們視為理所當然的教養方式，他們的心理自然不好受！但問題是：他們該如何調適？該表現得像「大人」一樣，好好地管理自己的感覺嗎？或是把他們心中的不滿怪罪到你身上呢？或許，他們只是害怕，因為「你的孩子會成為一個不懂規矩的人」。結果他們不懂跨進你的圓圈，也跨進了孩子的圓圈裡，想用長輩的身分插手。

不管是在雙方討論或是聽見對方的評論之後，若你心中高喊著「這到底關你什麼事啊？」，就表示有人闖進你的圓圈裡，甚至在裡面跳起森巴舞了。這時，請你問自己兩個關鍵問題：第一，這個人這麼做的目的是什麼？第二，他的舉動對你的影響，你當下要怎麼回應？在之後的章節裡，你還會再次遇上這兩個問題。

不過，我們必須要強調，即便是良好的關係裡，不請自來的越界依舊存在。這種情況很常發生，也真的不是「故意」的。晚上，孩子要出門前，我們抱著他，對他說「注意安全哦！」，這也算是一種干涉。我們這麼做當然沒有惡意，是表達我們對孩子的愛，或許夾雜著一點點擔心。在一段和諧的關係裡，身為父母若是帶著真誠的心，對孩子說出這樣的話，並不會讓他不舒服及誤解。

那麼，其他人的越界行為，跟你的孩子以及你的憤怒又有何關係？如果有個人總

> 沒有足夠的勇氣去面對關係，它就會讓你受苦。

是在試探你的底線，打探你的情況，干涉你的事……這些舉動，會點燃你心中的怒火，讓你感到厭煩。你又一再壓抑自己的不滿、默默忍受，就很有可能在面對孩子時完全失去耐性——畢竟孩子不懂世事，他會去踩踏不同人的圓圈，因為他想探索和學習，而且生活中充滿許多讓人期待的事。你沒有足夠的勇氣去面對關係，它就會讓你受苦，不只影響你自己，你的快樂，還有你的孩子和你們的關係，而且它和真正導致你生氣的根源完全無關。

你必須表現出自己的態度，「要求」其他人對待你的方式，才能改變你和他人的關係。你本來就是你，不是為了成為他們希望的樣子。不管是面對你的父母、公婆、另一半還有孩子都一樣，還有用言語和態度對你施壓的其他人也是。差別在於，只有你，身為大人的你能為親子關係的品質負起責任；在成人的關係中，則是要由雙方為「相處的氣氛」共同付出。

你或許會認為，和大人相處就能做自己，但這對大多數的人來說卻不容易。以實際情況來說，完美無缺的圓圈根本不存在，因為每一次留下的經驗，都會影響你個人界線。

卡塔琳娜

三十四歲的卡塔琳娜有兩個幼小的孩子：四歲的瑪莉、二歲的馬克。她和先生安德烈亞斯，一家四口住在公婆名下的房子裡。

卡塔琳娜是育嬰室的護士，她十分投入她的工作。如果忽略婆婆羅莎一直對她施壓，影響她們的婆媳關係，這一切堪稱完美！但事實上，婆婆會插手她帶小孩的方式、夫妻關係，過分呵護已經是大人的兒子；當她和安德烈亞斯不在家的時候，婆婆還會「徹底打掃」他們住的房子。明知卡塔琳娜不喜歡孩子吃甜食，羅莎仍舊偷偷塞給兩個孩子。

羅莎的大動作干涉讓夫妻關係變得很不愉快，因為安德烈亞斯沒有勇氣違背母親的作法。卡塔琳娜說：「每當我跟他提起他母親的行為，他總是一副『那又沒什麼大不了』的樣子，叫我不要反應過度！在這種情況下，要跟他好好談談真的太難了，我覺得好沮喪。」

安德烈亞斯不敢讓母親失望，所以選擇了一個有點糟糕的作法：和太太吵架。卡塔琳娜忍下了一切，最後只能發洩在孩子身上，連一點點小事都可以挑起她的情緒。她的內心吶喊著，有許多的憤怒，卻不知道如何抒解。她事後心想：「我怎麼會這樣！」但是，這確實就是她，某個部分的自己，她必須學著面對。

她沒有辦法處理情緒，也是其來有自：在卡塔琳娜的原生家庭裡，要生氣不是件簡單的事。如果有某個人可以發脾氣，那也只有她的爸爸，偶爾是哥哥。她自己則是很快學會像媽媽一樣，隱忍住憤怒的情緒。整個家都逃避這種不愉快的感覺，最糟的是，沒有人想說開來，寧願選擇沉默。自然就沒有機會讓大家面對面，表達自己的看法、需求、渴望，以及想對身邊人說的話。

這對夫妻要怎麼找到一個健康的「平衡點」呢？在之後「需求與獲得：人際關係互動模式」（P.210）、「擺脫父母」（P.248）的主題裡，我們將再次討論這個問題。

不完整的圓圈

你的「圓圈」和你的「變化」，這兩者之間的關連性，我們想在接下來的內容裡說得更清楚一些，讓你明白哪些經歷可能「損傷」你的圓圈？是不是在某個時刻裡，你也「脫離」了自己的圓圈了呢？我們相信，以下的說明可以幫助你更進一步瞭解自己，明白你在受到刺激時的反應。

左方圓圈對我們來說，就像是一個人的理想模樣，或者就如同「完形治療法」（Gestalttherapie，又稱「格式塔療法」）所說的，一個「完整的形體」。擁有完整圓圈的人是完整且幸福的，沒有創傷，也不必背負著過去的沉重回憶。很遺憾的是，我們都不是擁有完整圓圈的人，每一個深刻或受傷的經驗，都會影響我們的圓圈。

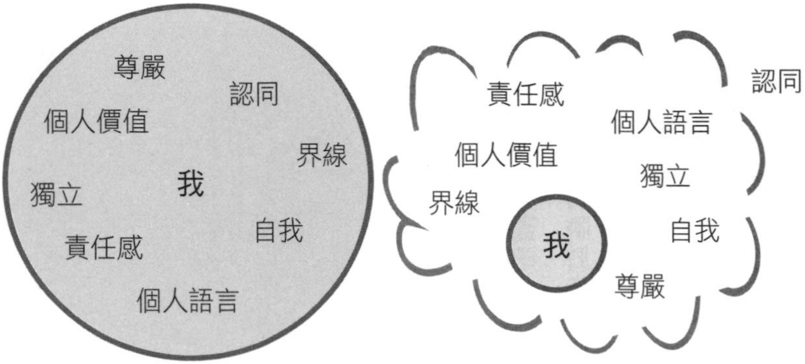

完整無瑕和缺角的圓圈

例如一個創傷的經歷會時不時就挑戰著我們的極限，讓我們感到崩潰、無法自拔。我們和內在的自我失去了聯繫，必須用一些方法找回自己。這時，我們很有可能會帶著點陌生的感覺，重新拼湊自己，也回不去我們最初、最真實的模樣。

一直以來，除了受刺激後的創傷之外，還有另一種創傷值得讓人注意：成長中的創傷。我們現在已經知道，生活中的任何一個事件都比不上受刺激後的創傷，能讓我們完全失控。簡單來說，成長中的創傷會長久影響我們，就像當我們還在襁褓中或是孩童時，照顧我們的大人沒有把我們當成是一個人、一個完整的主體、而只是把我們當成沒有感覺和想法的客

體；他們也沒有意識到，自己的行為舉止會對我們帶來什麼樣的影響，我們的腦海裡就留下「單一印象」。

如何具體看清這些印象呢？讓我們來回想一下，自己剛來到這世上的時候，那些對我們產生影響的事……

- 你在出生後，馬上和媽媽分離，自己住進嬰兒室。
- 當你還是嬰兒或小孩時，必須一個人待在醫院裡。
- 你超過時間才被餵奶，在等待期間裡哭到聲嘶力竭。
- 你的哭喊沒有被看成是一種表達需求的方式，反而被當成是故意和父母唱反調（你還被隔離起來，當作是哭鬧的懲罰）。
- 有創傷經歷的父母不願意面對自己的情緒，你就在這種緊張、不安、不和諧、不知所措的氛圍中長大，還必須設法適應。你只好變得毫無情緒、「勇敢」，但內心裡的混亂可想而知，你多麼希望這一切能有所改變。如我們所說過的，這就是孩童時期遺留下來的作用力。

直到八〇年代，孩子的自我意志仍因特定觀念的影響而受到壓抑，他們只能乖乖地服從。這些想法的「遺毒」至今還存在我們的生活，多半在我們的父母、祖父母的想法中，還有某些剛成立的家庭及組織裡。想知道這種觀念對現今成人產生何等嚴重的影響，從一九三四年首刷出版就一直暢銷的《德國母親與她的首名嬰孩》（*Die deutsche Mutter und ihr erstes Kind*，暫譯）中就能看出端倪。這本書的作者喬安娜．哈勒是一名醫生兼母親，她在希特勒執政時期出版這本育兒指南，徹底主導了當時的教養意識形態。其中有一段話是這麼說的：

「即使孩子堅持用吼叫的方式來回應母親的要求，也不必因此慌了手腳。保持冷靜堅定的態度，貫徹自己要求孩子的事，不必激動，在任何情況下也都不讓自己動怒。就連哭鬧和反抗的孩子也必須完成母親所認為重要的事，如果孩子還是執意不配合，可以視情節『冷處理』，把孩子帶到一個空間，不必關心他，讓他一個人獨處，直到他改變態度為止。你或許不相信，孩子馬上就會明白這麼做的用意。」

這種做法，等於是扼殺孩子的意願和特質，為的是讓他聽話、服從父母的指令。

哈勒的書在二戰之後還是持續出版，影響至今的教養思維甚遠。

我們的父母和祖父母帶給我們的傷害，難以估計的創傷經歷，必須由我們自己來處理；同時，我們必須讓孩子成為一個「完整的主體」。創傷不僅是過往發生的事件，就連現在，我們都還是感覺得到它的存在。憑藉著我們的體會和經驗，它過濾了我們所看見的世界，即使我們所見並非事實，卻會在有壓力的情況下信以為真。

成為我自己！

我們把所有的情緒、被當成麻煩的自我意識，不管是經由他人或我們自己認定的，通通拋棄。我們捨去了快樂、平安和內心的寧靜，就像父母和祖父母教我們的一樣，把自己的生命力「封存」起來，就放在抽屜裡一樣。要花很長的時間，才能夠讓你重新開封，對你身邊的人敞開心房，因為我們隱藏起來的自我和封存的抽屜仍然緊閉著。

我們必須用某種方式，把不完整的圓圈填補起來。即使「殘缺的圓圈」已經變形、缺角，但我們還是擁有感覺。某些東西已不再，有些已消逝，這種感覺或多或少都會一直默默跟著我們。還未消失的那個部分，我們感覺得到，它們不僅「健康」還很活躍。就像有許多人在工作表現優秀而受到肯定，私底下卻極度不快樂，無法擁有健全的關係：傷害孩子的醫生、在家裡失去決定權的女法官、不懂得規劃生活的建築師、回到家還是不停教課跟說教的女老師……

面對破損或隱藏起來的圓圈所產生的不滿足心理，這些人會怎麼做呢？他們開始去找出填補空洞的作法，用它來補滿他們的圓圈，築起界線。你還記得之前說過的生存素質嗎？這些人就是需要靠著方法和特定的模式，才能感覺得到自己，這個作法就是所謂的「填補空虛」。這些人的內在不完整，才會讓他們如此不快樂，所以必須向外尋求答案，補齊內心缺少的那一塊。常見的行為模式就像：

- 所有強迫性的行為，像是打掃或是凡事都講求完美，例如：過分要求自己，或對自己的身材、另一半、孩子……等擁有極度的控制欲。

・依賴他人或物質，像是汽車、財產、金錢……等。
・尋找「缺少的那一半」，一個伴侶，之後由孩子取代他，讓他們來「完整」自己。
・尋求慰藉：宗教、特殊方法、有神力者……等。
・麻痺自我的物質：酗酒、嗑藥……等。
・各種逃避現實的行為（媒體消費）或是讓自己感覺還活著的替代品（追劇）。
・追求外表，像是用「好的」衣服和化妝品，來維持自己的外在。

用這些方式來填補空虛，不僅找不到我們真正的界線，更喚不回真實的自己。這種向外尋求答案的作法，最後得到的不過是虛偽的自我、虛幻的物質罷了。空有外在的表象、門面和面具，只好不斷努力繼續保護這個假象。因為房子弄髒了、門面出現裂痕、身體有了皺紋，面具底下的自己就會窒息。這樣的我們，打的是一場沒有勝算的仗，還會因此精神錯亂而耗盡心力。

有一種人你一定知道，他們特別喜歡用財富來衡量自己：不停追求財富、賺更多的錢、買更多的東西，不知什麼時候才會停下來。除了滿滿的戶頭，還有酷炫的名車、寬廣的別墅……他們彷彿擁有了想要的一切，對嗎？就算是這樣，他們也未必感到

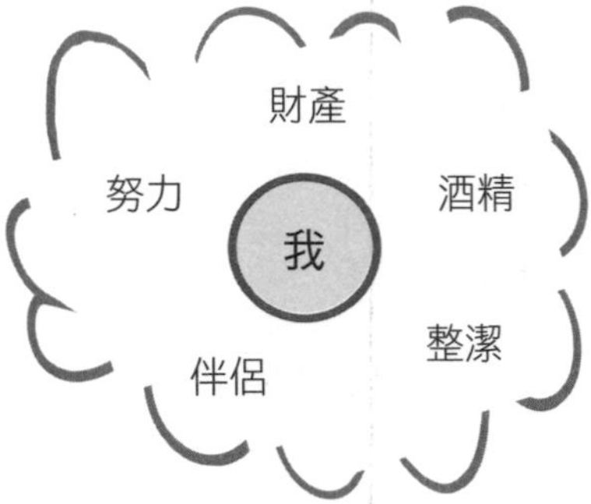

填補空虛的步驟

快樂。很多時候，他們追尋的是一個假象，一個瘋狂的信念，唯有他們覺得夠了，才會感覺到自己的存在。

這種填補空虛的作法，也同樣出現在人與人的關係裡：我們需要（利用）讓我們感到安心和有價值的人，來「完整」自己。有時像是另一半，有時是孩子，讓我們感到「被完整」了。我最近讀到一位母親的來信，內容提到她經歷了悲慘的童年後，現在過得很幸福，因為她終於藉由女兒得到了某種東西，一個「只屬於她自己的東西」……

我們不斷應付這種人，設法讓他們開心，才能把他們留在身邊，被他們喜歡，最可怕的後果便是如此。這是一種依附關係！結果，我們活得像「情緒連體嬰」。好比大衛．施納赫所描述的情況，他用「交易」來比喻：「我給你某樣東西，同樣也得到你的回報。」

艾蜜莉和山繆

艾蜜莉在十二年前認識了山繆，他們墜入愛河，之後就在一起了。他們生了兩個孩子：安東十歲、馬丁八歲。

這段關係開始時，艾蜜莉覺得自己終於找到「更好的另一半」了；對山繆來說，艾蜜莉總是把一切都打理得很好，讓他很安心。他不必做家事，也樂得開心：就像是一個沒有說出口的協議，兩個人就守著它過下去。儘管如此，艾蜜莉希望全家人都能知道她的辛苦，能稱讚她的付出，作法就是注意家裡的整潔，不要增添她的工作。連孩子也是如此，但他們在意的不是協議：艾蜜莉用來讓自己感到完整的人，正在抵抗這種「濫用」。

期待他人滿足自己沒有說出口的要求和願望，當落空時又表現受傷的樣子，這不僅不成熟，也不是大人應該有的行為。艾蜜莉想要孩子能猜出她的想法，而不願承認自己渴望被關心、想和孩子有互動，她自然得不到別人對她的認同，反而因此和孩子爭吵，弄得雙方悶悶不樂，孩子也十分不滿。這就是一個親子關係的錯誤示範。

孩子的地盤和散落的襪子

圓圈的圖案清楚地告訴我們，當你想要讓孩子成為「完整」的自己，就必須尊重他：無論是他個人、意圖、想法、喜好、厭惡的事，還有他自己的界線。尊重也代表著不評論，重點不在於你覺得好與壞，而是要看孩子覺得如何。這麼做會讓你感覺有愛，卻也會讓你大失所望。也就是說，你認定自己眼中的孩子應該是什麼模樣，而他表現出來的樣子，卻與你主觀認定的理想相去甚遠。

「不要用你的眼光來看待我的生活！」

當我們告訴你，我們想為孩子發聲：「不要用你的眼光來看待我的生活！」正因為我們看多了這種干涉孩子的作法，或許連我們自己也都經歷過：父母的任務是幫助孩子瞭解自己的想法。你強迫孩子照著你設定好的樣子走——這是你所謂的「為他好」。或者，有些家長試著透過孩子來控制自己的恐懼。雖然你沒說出口，孩子卻感受到：「做吧，就這麼做，那我就不必提心吊膽了！」

拜倫．凱蒂在她的《關於兒童》（*Über Kinder*，暫譯）一書中，提到她孩子的襪子。她十分在意孩子有沒有撿起襪子，不要四處亂丟。她甚至把這件事看成是「信仰」一般，堅信不移，但這件事從來沒如她所願。直到某天她意識到，她對抗的東西究竟是什麼。雖然她已經不知抱怨、怒罵、懲罰孩子多少回，襪子還是日復一日躺在地板上。

她意識到，自己才是該把襪子撿起來的人。她的孩子根本不在乎襪子，這是她個人的問題，是她想著應該要改變某些事情，所有的一切都跟襪子無關。對此她也說：「我想通了。我可以據理力爭，或者放開心胸。」

她開始撿起襪子。這一切來得很快，她完全沒有想到孩子，甚至開始讓她感到快樂，因為她為自己撿起襪子，不是為了孩子。地板上再也不見襪子的蹤影，她感到很開心。孩子發現媽媽的改變之後，也跟著開始自己撿起襪子，再也不用媽媽一旁叮嚀了。

我們承認現況，確定是自己的問題，不必期待別人的改變——例如孩子的改變——自己就能做到。身為母親的我們，不再因為孩子沒有整理房間而失望，不再發脾氣或是懲罰他們，這也就是不再給孩子壓力，放開對孩子的束縛了！因此，我們給了孩子機會，頭一次讓他們自己去發現，他們也會喜歡打掃房間。因為「命令」和伴隨而來的反抗都消失了，孩子自己反而會認為，保持房間的乾淨，感覺起來也不錯。或者恰好相反！那麼接下來就看我們的了，就是面對這件事。

如果我們更進一步來看這個例子，馬上就會發現，問題不在於房間或是打掃，而是孩子拒絕做對自己無關緊要的事來讓媽媽開心。孩子不願意為我們承擔情緒的責任——雖然有時他們還是會為了我們整理房間。

我們有時很難意識到他人的界線，因為它們不可能和我們自己的一樣，我們的界線是由我們的性格和早期的關係所塑造出來的。你小時候認為別人踩到你的界線是再「正常」不過了，之後在和孩子相處時也會覺得「正常」。如果你沒有認清自己的界線，不知道自己在在受到壓迫和調適自己時是什麼模樣，很有可能在不知不覺中就踩到孩子的界線。因為，這對你來說不成問題，不是嗎？這麼做顯然會導致衝突、憤怒和分離。但如果你努力為自己而轉變，並且確認這段時間必須要「捨棄」哪些性格，要補上哪一些，你就能再度看見「完整的自己」。信任的人的陪伴，或是治療上的支援，都能讓這一切成真。

當其他大人指使孩子去做他不願意的事情時，身為父母必須仔細觀察。正如先前所說，我們要找到屬於自己、健康的「支柱」並不容易；在必要時，還要能守住自

當有其他大人踩進孩子的地盤時，身為父母必須保護他們。

己的界線。我們有些人覺得很容易，其他人未必能做到，我們的孩子也是如此。有些孩子很坦白，會在別人試圖干涉他的時候——像是祖父母——做出適當的反應：他們不會讓他人多說什麼，而是保護自己和自主權，甚至用他們自身的能力來應對。比方說，當爺爺希望孩子親他一下，他直率地對爺爺說：「你不乖！我不喜歡你！」當爺爺嘟起嘴巴靠近他時，他可能伸手就給爺爺一巴掌；有些孩子則會「在自己的地盤空出一個範圍」給他人，自己退後一步，稍微放鬆一下。如果你發現了，就該保護孩子，這時他們需要你。在解釋人際關係互動模式時，我們會再介紹大人越界的具體行為，還有在沒有人介入的情況下，可能會對孩子造成哪些影響。

思考個人界線不該流於固定的型式，讓你忽略了事件發生的當下。無論是你個人的、伴侶和家庭的界線都該是「健

全」的，當它們符合明確、彈性且因地制宜的條件時，自然不會僵化、生硬又毫無章法。思考時也應該加入自我的觀察，並有可依循的方向。

思考個人界線，會給身為母親、做為太太的我們很大的助益，讓我們再次去檢視自己當下所處的位置：是在自己的事情上，或者在先生和孩子的？我們是不是要求孩子改變，好讓自己安心？我們如何與自己和身邊的人相處？結果令人滿意嗎？在我們繪製圓圈的一開始思考這件事情，也有助我們去發覺其他人是否踩入我們的界線，並且讓我們反思自己的界線在哪裡？我們應該去歡迎或是拒絕生活中的哪些事？

我們只能主動面對每一個我們已意識的狀況，去創造那些未知的。也就是說，我們有意去思考越界這件事，根據我們自己真實的感受表達自己的立場。當這類的情況對我們自己和人際關係帶來負擔時，更加要去思考它。下列的問題可以幫助你思考自己的成長過程。

練習時間：我的成長過程

請回答以下的問題，它們能幫助你瞭解自己，不必急著回答，給自己足夠的思考時間：

- 你的父母是怎麼認識的？
- 你知道你母親小時候的事嗎？
- 父母期盼你的出生嗎？你受到大家的歡迎嗎？
- 媽媽怎麼知道自己懷孕的？她很開心，很享受她的懷孕過程嗎？她是滿懷期待，還是充滿擔憂呢？
- 你出生時是什麼情況呢？媽媽是自然產，或是剖腹產呢？
- 你還小的時候，家裡有哪些成員呢？誰是你的重要關係人？你的祖父母扮演什麼樣的角色？
- 你和這些人的關係如何？
- 你父母的關係如何？你會如何描述他們的關係？你是在哪一種家庭氛圍中長大的呢？

- 成長的過程裡，你和他人的關係曾改變過嗎？如果有，如何改變呢？
- 你的家庭中是否有已知的創傷？可能是你自己的，或是其他人的？（意外、死亡事件、住院、難產……？）
- 「當爸爸」或「當媽媽」對你的意義是什麼？你的父母表現得如何？你想和他們一樣，或者很清楚知道，自己會嘗試和他們不同？
- 當某個人感到明顯情緒起伏，表達自己的感受，其他家庭成員會如何回應？
- 家庭成員怎麼處理衝突事件？有沒有讓你非說不可的衝突呢？它是怎麼被解決的呢？
- 當你沒有達到父母的期望時，他們曾處罰過你嗎？有，怎麼處罰呢？對你產生什麼影響呢？
- 當你表現得很「勇敢」或是順從父母的意思時，他們稱讚過你嗎？有，怎麼稱讚呢？對你產生什麼影響呢？
- 你相信童年的關係，會影響你現在和他人的相處嗎？會，如何影響呢？
- 你的原生家庭怎麼過節呢？像是聖誕節、復活節或是生日？誰會籌備這種活動？你現在怎麼慶祝節日呢？你想慶祝嗎？

- 小時候，你最想做什麼？你現在的職業裡有實現嗎？
- 你傷心時會找誰呢？
- 什麼人或什麼事會讓你生氣？你怎麼反應呢？
- 你如何冷靜下來，在哪裡冷靜下來？
- 如果你彈指間就能改變你和孩子的關係：你會想改變嗎？會，你想改變什麼呢？不會，為什麼呢？

這些問題都是為你準備的，你只要在心裡保留答案，讓它引導你。你無須告訴任何人，不必解釋或者辯駁。你本來就可以這麼做——所有的事情皆是如此。

| 第八章 |

圓滿關係，操之在你

—看清謎團，建立理想的關係互動模式—

所謂夫妻的空間，指的是雙方在其中相處融洽，有興趣和對方交談，懂得處理彼此的情緒——為了孩子心靈能健全發展，這是必要的前提。我們知道，關係會讓人失望和沮喪。這也是為什麼要先做到和自己建立踏實的關係。在我們看來，學會這件事是一個起點，其他的關係才會跟著開始。就像宗教哲學家馬丁．布伯說：「最重要的是從自己做起，此時此刻，除了這個開始，我無須在乎世界上其他的事。」

每個人的關係都不同，即便如此，在許多關係中還是能發現某些不斷重複的模式。你已經認識我們所說的個人圓圈，如果你也認可的話，在接下來的內容中，請你繼續思考。

需求與獲得：人際關係互動模式

我們並不打算只討論你和孩子的關係，反而想再檢視，你如何與生活中的所有人建立關係。尤其是那些與你非常親近，或是無論好與壞都會一直影響你生活的人。先前多次提到的大衛·施納赫，還有瑞士精神科醫師尤格·威利（Jürg Willi），他們在互動關係中提出「勾結行為」，以及勾結性、鬥爭性和合作性聯盟的概念，我們將依據他們的概念來說明（請見資訊小盒子）。

你和你的孩子——當然還有你們的關係——會受到周遭環境的影響。家庭是一個相互作用的系統，如果你只把焦點放在「媽媽」和「孩子」這個小範圍裡，你可能

會忽略那些也是（或者首要）需要改變的地方——因為改變會對親子關係產生積極的影響力。

資訊小盒子：勾結性、鬥爭性和合作性聯盟

關係可分為不健康的、具破壞性的，當然也有健全的、有益關係的。最糟的就是勾結和競爭的關係。一個家庭若是採取合作關係，就會像一個團隊般合作，每個成員都會為幸福生活而努力，即使是不愉快的事也能解決，大人們懂得為自己的行為負責，顧及身邊其他人的感受。根據大衛．施納赫的說法，勾結的關係則是「消弭一個人的負面性格和缺點，而不去啟發他最好的一面」。這種關係會讓一個成人推卸責任，逃避為了家人應該迫切解決的難題。發展出勾結關係的親子，會掩蓋家庭中不愉快的真相。具破壞性的第二種關係是競爭：家庭成員在這樣的情況下會彼此「鬥爭」，相互攻擊，不斷捲入爭吵中。

為了認識三種聯盟類型，把在關係中一再遇見的互動模式解釋得更詳盡，我們利用三個「原則」來描述聯盟的本質：

- 勾結性：「這是為你好！還是為我好？」
- 鬥爭性：「我要傷害你，反對你！」
- 合作性：「我們互相信任，為彼此的幸福努力。」

在先前介紹圓圈概念時，你已經聽過卡塔琳娜、安德烈亞斯這對夫妻，和兩個孩子瑪莉、馬克，以及婆婆羅莎的故事（P.187）。卡塔琳娜因為羅莎的行為一再觸碰到她的底線，卻沒有明確表態；她的先生安德烈亞斯也害怕跟媽媽說出想法，改變作為，他想「維持和平」——雖然家裡因為他的逃避心態，已籠罩在長期的爭吵中。同時，不只有卡塔琳娜和他們的夫妻關係受到牽連，孩子們其實也不愉快，正因為卡塔琳娜不斷將全部怒氣出在瑪莉和馬克身上，對著他們怒吼。

在這個案例中，我們一方面想談談奶奶羅莎和瑪莉的勾結關係，另一方面也要仔細瞭解，當重要關係人利用孩子，讓自己感到「完整」和「滿足」，父母卻沒有出

手制止，會造成什麼後果。為此，我們也會穿插之前提過的圓圈概念。如果卡塔琳娜和安德烈亞斯一直無法按照自己的意願畫清界線，至少也要為了女兒瑪莉努力做到這件事。

羅莎與瑪莉（之一）

即便知道媳婦卡塔琳娜正在準備家人的蔬食餐點，奶奶羅莎還是想給孫女瑪莉甜食，因為她想拉近距離，一舉獲得被媽媽禁吃甜食的孫女歡心。羅莎知道卡塔琳娜不喜歡孩子吃甜食，她跟瑪莉說：「瑪莉，你知道嗎，你可以先吃這個，因為吃蔬菜不會飽，你馬上就會餓了！」這讓瑪莉陷入了兩難。

發生什麼事呢？羅莎侵入了瑪莉的領域，涉入了家庭系統，也可說是她滲透了這個家，獲得孫女的「喜愛」（羅莎是真的為瑪莉著想，還是為了自己的利益呢？）。小瑪莉配合奶奶，接受她的提議：她在自己的小圓圈裡退了一步，讓奶奶進來。「啊哈！所以這就是愛！」瑪莉自己下了結論。因為孩子大腦裡的「硬碟」持續運作，我們給孩子的一言一行，都會被判讀為「正常」和「大家都這麼做」，並儲存起來；往後只要是遇上「愛」的關係，隨時都會被調閱出來。羅莎只要說「都是為了瑪莉好！」，就能獨得孫女的愛。就這樣，瑪莉可以從羅莎身上得到她想要的每一樣東西，包括甜食。另一方面，羅莎也期盼瑪莉可以做個「完美」的孫女。

如果羅莎長久下來都扮演著瑪莉重要關係人的角色，繼續干涉她的事，會發生什麼事呢？可預期未來一定會發生：羅莎不管花多少錢或心力，只想讓瑪莉上最好的學校，讓她有無限的機會——根據羅莎的定義——享有「成功」的生活。她會驕傲自己有這麼一個孫女，能向熟識的朋友圈炫耀一番。

此時此刻，如果沒有人出面制止，瑪莉就會習慣，在這樣的感覺中漸漸長大。瑪莉彷彿成為了羅莎未能擁有的女兒，從少女到女人，變成羅莎想要卻無法成為的樣子。她會一直表現出最好的一面，因為那是羅莎所期待的樣子。如果她試著要走自己的路，羅莎就會提醒她還虧欠奶奶的事實：「我為你做了那麼多事，你要聽我

的！」瑪莉自然會順從，成為另一個（自戀）羅莎的倒影，但她的內心隱藏著寂寞和缺乏自我。她不敢為自己著想，看重別人的需求高過於自己，她會一直帶著這種感覺生活，不敢在她的人生中表現自己。

瑪莉的弟弟馬克，面對奶奶給他甜食的反應完全不同。當他會說話時，他對奶奶說：「你不乖！我討厭你！」他堅持自己的原則，不在意冒犯羅莎。馬克用這種方式解決和奶奶的問題，因為在他們家已經有瑪莉這個「好孩子」了。

回聲主義

如果瑪莉的未來讓你想起自己，你或許可以深入瞭解「回聲主義」（Echoismus）這個現象，就能找到一些答案。

回聲主義不是診斷的病症，是一種特質，一種行為模式。回聲主義者是在和自戀、以我為中心者的親密關係中成長，也因此塑造出這樣的性格。因為重要關係人的行為態度，他們在不知不覺中產生一種渴望，想方設法要成為和自己本性完全不同的人。因為童年的影響，回聲者會一直處在恐懼之中：不能有自己的想法、不能說出自己的願望、不可以在乎自己的感受、不敢提出要求，任何情況下都不會想到自己。

回聲者在長大之後，在人際關係方面經常會遇到擁有自戀傾向的人，因為回聲者和自戀者是「最完美」的互補對象。遇到衝突時，回聲者會自動把過錯攬在自己身上：「我要求太多」、「我太敏感了。他沒錯，他根本什麼都沒做」、「他也有需求，我應該要盡我所能讓他滿意」……自戀者得到他想要的，回聲者的表現行為則是為了被愛，因為他就是這麼長大的。

♥勾結性聯盟

羅莎在案例中的行為，用甜食來獲得認同，正是所謂的勾結性聯盟。她假裝都是為了孫女好，實際上是想表現出和善的一面：她當下的目的是為感受到自己的存在

和被愛，她也認為這麼做就能成功。此外，羅莎針對卡塔琳娜耍了小手段，不過是藉由瑪莉。所以她玩了一套把戲，跟瑪莉說了幾句話，她知道這麼做會讓卡塔琳娜不悅和生氣。但最後她仍認為自己是清白無辜的，是出於善意才這麼做……

我們來看看，當安德烈亞斯面對卡塔琳娜時，又會呈現出什麼樣子的勾結性聯盟。

安德烈亞斯和卡塔琳娜（勾結性聯盟）

卡塔琳娜：「不會吧！你媽媽居然在吃飯之前還給瑪莉甜食！」

安德烈亞斯：「你就讓她吃點甜的，我媽媽或許就不會再有意見了！為什麼你總是想得那麼複雜，一再挑起大家的不愉快呢？吃個甜食會怎樣嗎？你不要那麼緊張，珍惜我們現在的生活，我們過得多好！」

關係的失敗，是因為雙方沒有把期待說出來。

有看見他們兩個是如何互動的嗎？安德烈亞斯想讓卡塔琳娜感到安心，他用他自以為的方式，希望卡塔琳娜能感受到。他告訴她，應該要怎麼做、怎麼想，他這麼做看似是為卡塔琳娜著想：讓卡塔琳娜心情變好，放鬆下來，這是安德烈亞斯最終的目的。卡塔琳娜擁有了一切，身體健康，住在有花園的房子裡，多麼美好啊！或者，安德烈亞斯也沒察覺，自己其實正試著要隱藏家裡的真實情況，就不必去面對這些難堪的事實了。這麼做是為了卡塔琳娜？還是其實是為了他自己？如果他承認並面對了這個問題，就必須站出來，不要讓舊事重演；他也要顧及自己和家庭，積極處理問題。比起維持現況、習慣問題存在，改變反而讓他更加不安。

大衛．施納赫解釋了這種行為會造成的後果：卡塔琳娜思考先生的說辭，或許她會這麼想：「對，他說的有道理。為什麼我要一直製造問題？」她感到有壓力，因為畢竟在

安德烈亞斯的眼裡，她應該要表現得很好。另一方面，安德烈亞斯也會怪罪太太，他的建議沒有用，努力也沒換來改變，結果卻導致雙方都不好過。

關係的失敗，是因為雙方沒有把期待說出來。「你到底要不要跟你媽媽說，不要再插手我們的事了！」卡塔琳娜數落先生的不是。安德烈亞斯反駁：「你能不能搞清楚，她根本沒有那個意思！」這看起來也是一種勾結關係：他們兩個人都期許對方能改變，停止爭吵；但誰也沒去觀察自己，探索想改變的事，然後開始積極地從自己做起。這是一種很糟糕的互動方式，導致雙方的關係走向下坡。如果你希望透過孩子的改變，讓你更安心，而不是設法為自己的幸福努力，情況就會跟他們一樣。

❤鬥爭性聯盟

之前提過，除了勾結性聯盟以外，還有另一個無法滋養出成功關係的：鬥爭性聯盟。雖然兩個聯盟有各自的特點，卻也用一種不健康的方式結合在一起，在情感上糾纏著我們。屬於鬥爭性聯盟的兩個人，會在不斷爭吵中維繫彼此的關係：就像兩把交叉的劍還是會有接觸一樣……

安德烈亞斯和卡塔琳娜（鬥爭性聯盟）

卡塔琳娜：「不會吧！你媽媽居然在吃飯之前還給瑪莉甜食！」

安德烈亞斯：「夠了，不要再批評我媽媽了！我不想再聽了！你要感激不花一毛錢就能住在這裡！要不是我爸媽，你也負擔不起！」

卡塔琳娜：「你真是個不可理喻的白痴！我父母做的都比你還多！你這個媽寶想要什麼就有什麼，從沒靠自己完成一件事！你居然說出這樣的話，真的是差勁到了極點！」

她轉身離開，淚水順著臉頰流了下來。

卡塔琳娜和安德烈亞斯彼此互不相讓，也知道怎麼樣傷害對方。不幸的是，這種關係只會讓人傷痕累累。

❤合作性聯盟

如果我們想要生活在平等之中，需要互相尊重和團隊合作的關係。前提是要合作，所有人為了大家的幸福努力，這就是合作性聯盟。在這件事情上，我們大人是孩子的榜樣——一再的、用最理想的方式——讓他們有依循的方向。假設安德烈亞斯和卡塔琳納有這樣一個有利關係、具合作性的聯盟關係，溝通方式就會像以下的故事。

安德烈亞斯和卡塔琳娜（合作性聯盟）

卡塔琳娜：「不會吧，你媽媽居然在吃飯之前還給瑪莉甜食！我們必須談談接下來該怎麼做才好！這種情況讓我很困擾，這樣下去也不會改善。」

安德烈亞斯深吸一口氣：「恐怕你是對的，我也對這一切感到厭煩！想到要搬家讓我很害怕，但我認為，我們必須離開這裡。」

你記得合作性聯盟的原則嗎——「我們彼此信任，為幸福共同努力」。藉由卡塔琳娜談起她的不滿和絕望，表明自己的願望和想法，邀請安德烈亞斯和她一起改變，創造出更自由美好的生活。安德烈亞斯面對一個讓他很難受的事實，因為他認清做出改變是必要的。

大家生活在合作性聯盟之中，當然也會出現磨擦或誤會：這種方式會被「中斷」，但整體關係並不會馬上受到質疑。共同商討和誤解也屬於合作聯盟裡的一部分，然而，關鍵性的差異在於成員們的反應。

安德烈亞斯、卡塔琳娜和瑪莉

事實上，卡塔琳娜和安德烈亞斯的夫妻關係和睦，他們為全家人的幸福共同努力，一起付出，讓生活變好。然後發生了一件事：安德烈亞斯正要求瑪莉跟他去刷牙，卡塔琳娜不知情，在瑪莉問她今天是不是一定要這麼做時，她回答：「不用，今天可以破例！」

安德烈亞斯聽到，還以為自己聽錯了：「你不是認真的吧？我想盡辦法要讓瑪莉去刷牙，你卻跟我唱反調？」

這個激動的反應，未必意味著幸福的關係就要走到終點了，如果卡塔琳娜這麼回答的話：「哦，對不起，我剛才沒聽到！瑪莉，對不起，今天不能破例，要聽爸爸的話！」

如果安德烈亞斯在當下決定就此打住，不在言語上或動作上駁斥，而是冷靜地結束，一切就沒問題了。如果他不願意就此罷手，想繼續爭吵、怒目相向：「對啦，對不起，對不起，對不起！現在才說已經太慢了！你看，瑪莉又哭了！我真被你們給打敗了，我再也不要跟孩子去刷牙了。」這樣幸福的關係就真的難保了。

我們幫安德烈亞斯加入旁白的話，可能會是：「我的家庭真的讓我受夠了！我巴不得一走了之，再也不要回來！但我被困在這裡，就在這裡，和你一起！被你，被你們！」

不過他沒有這麼說，也沒有這麼想。安德烈亞斯和卡塔琳納能討論這個狀況，釐清事理。他們沒有「歹戲拖棚」，因為他們能夠思考，相互傾聽。他們可以控制住自己的情緒——至少有一人如此。

你現在的家，就是你學習團隊能力的地方。

夫妻的相處藝術

所謂夫妻的空間，指的是雙方在其中相處融洽，有興趣和對方交談，懂得處理彼此的情緒——為了孩子心靈能健全發展，這是必要的前提，他們生活在深受父母關係影響的家庭裡。如果你是單親家長，你必須獨自承擔家庭互動氣氛的責任，其餘的都和雙親家庭一樣：如何與小孩互動，能否管理自己的感受，訂定家庭規矩，這對孩子的幸福至為重要。

你現在的家，就是你學習團隊能力的地方。自我批判，也就是和你自己討論、和你想要與不想要的，這是建立合作性聯盟的必經過程。總而言之，根據大衛．施納赫所說的，這意味著：

．做好該做的事：即使是不堪的事實也要坦然面對。如果改變是讓你或孩子幸福的必要條件，那麼就不要害怕改變。

．傾聽你的孩子以及另一半，參與他的想法，也給你自己空間。

．去觀察，你在什麼情況下會打破聯盟的關係，從中瞭解更多的自己。然後做出新的決定：「從今天起，我要變得……」

．如果你打破了聯盟關係，請再重新建立。或許在你和孩子聯盟時就已經做過了，像是用道歉為自己的行為負責。對待夫妻關係和你自己也該如此：為自己負責，而非批評自己，下一回你可以表現得不同。

．不要被情緒牽著走，不要被情緒主導你，因為情緒不一定是對的。

練習，讓關係圓滿

想達成合作性聯盟的生活，必須要透過練習。這是因為，只有少部分的人在原生家庭的成長過程中，已用這種有益的、坦誠相對的方式共同生活。

練習時間：給團隊合作的口號

口號可以在此幫助你，它能提醒你，一個團隊共同生活所需的一切，在團隊裡，所有成員的幸福都很重要。

如果你願意，在腦海裡重複這些口號或是反覆唸出來。當中讓你特別有感，覺得幸福的句子，你可以寫下來，貼在容易看得到的地方。

- 「我為我的行為負責。」
- 「我相信自己。」
- 「我會勇敢面對家裡的真實情況。」
- 「該做的事我會去做。」
- 「我接受必要的改變。」
- 「我給自己表達感受的空間，說出我自己的需求。」
- 「我接納孩子／另一半的想法和願望。」
- 「我每次都能判斷，現在該怎麼去回應我的孩子／另一半。」

- 「我掌控自己的情緒。」
- 「在夫妻相處的方式上，我該負起屬於自己的責任。」
- 「在家庭關係中，我做到自己該做的事。」
- 「我有責任維持和孩子相處的品質。」
- 「面對我自己、我的願望、需求和我自己的事，我不會逃避。」
- 「我們彼此信任，為全家人的幸福努力。」
- 「我們大聲說出我們的感覺和願望。」
- 「我們很勇敢。」

所謂的「當父母」，是指大人用成熟的行為態度，在做人、做夫妻或父母方面，當「不懂事」家庭成員的榜樣。我們要提醒自己：為了平等對待孩子，我們應該要放低姿態。隨著孩子長大，這種方式也就慢慢不需要了。面對所有的大人，我們可以維持原樣，這表示我們是一個值得被認真對待的人。重要的是，在彼此相處上負起責任。

我們知道，關係會讓人失望和沮喪。這也是為什麼要先做到和自己建立踏實的關係。在我們看來，學會這件事是一個起點，其他的關係才會跟著開始。就像宗教哲學家馬丁．布伯（Martin Buber）說：「最重要的是從自己做起，此時此刻，除了這個開始，我無須在乎世界上其他的事。」

練習時間：關係裡的謎團——看清關係的互動

請想著生命中的人，誰和你一起度過日子？誰對你來說很重要？誰影響了你？拿出一張紙，試著把這些「關係人」，也是圍繞著你的「謎團」畫下來。你也許可以把自己畫在中間，像是一個圓圈，其他人包圍著你。

現在建立起其他人和他們的圓圈，你可以利用不同顏色和線條，比方說用粗直的線條連結和與你有密切連繫的人，比較不親近的人可以用細的虛線。

首先，回顧你童年時的關係，然後在另一張紙上畫下第二個圖，表示你現在的關係狀態。記得也把這幾年裡的變化清楚標示出來。你當時的感受是什麼？你更希望有什麼不同？而現在呢？你想要改變嗎？怎麼做呢？

假設看了不同關係和聯盟的描述，你還是不知如何進行的話，請想想和你親近的人如何對待你，你又如何對待他們。你是生活在一個合作性的聯盟裡嗎？像之前說的，在這裡為了所有人的幸福共同努力嗎？你什麼時候會和你身邊的人起爭執呢？或是你偶爾會不會也像我們案例中的安德烈亞斯，想改變別人的想法，讓問題看似解決了呢？有人會這麼要求你嗎？

或許你腦海裡會瞬間冒出許多想法，藉由其他人看到了一種關係互動模式，可能出現，也可能沒有。你不需要回答每一個問題！這不是非通過不可的考試。這些問題反倒是為了啟發你的思考能力，並且從不同的關係面向中觀察先前沒有看見的事情。或許你會因此有新的發現，能開始帶著意識去觀察。

就我們所知，可能會有很多很多。很有可能，你並沒有發覺到你眼前某一些關係互動模式——或許也因為它「一直都是如此」；或者因為它是某些人的「自以為善意」的表現，需要仔細檢視。你發現到的事情，也可能會讓你不舒服。幾乎每個人

都會有盲點，很多時候靠自己去做這件事並不容易。我們想要鼓勵你，如果你是一個人，請和別人談談這些事。在為了想要的生活做出改變之前，你必須仔細觀察每一種關係。

你已經把與他人在當下和過往的親密或疏遠關係都看清楚了，或許也感覺到那是怎麼一回事。我們想要更進一步，「玩一玩」各種關係遊戲。

練習時間：理想的關係模式——拉近關係及保持距離

把你身邊人的名字寫在幾張小卡或便利貼上，一張紙上只有一個人的名字，也幫你自己寫一張。再次回想這些人，哪些和你走得比較近，哪一些是你愛的人，還有哪些是你希望能參與你生命歷程的人。

把這些名字擺在寫有你名字卡片的周圍，接下來按照你對他們的感覺，排放名字的順序：

- 誰的名字要放在哪個位置？
- 誰要擺得離你比較近？
- 這樣擺起來的感覺如何？

現在你可以靜下心來，移動卡片並且觀察，你對每張卡片有什麼感受：讓你感到壓力或太靠近的，你就調整並且離你遠一些；這樣有比較好嗎？很棒！如果沒有，再調整一次，也可以試著拉近一點。寫有孩子名字的卡片擺在哪裡呢？你的另一半呢？你會想把它擺在什麼位置？他可以靠近你一點嗎？

下一個練習是讓你釐清想要的東西。你真的認識你生命中想達成的目標嗎？有什麼是你不想要的？你知道自己完全不適合做什麼嗎？哪些是你之前或許曾做過的（行不通）；哪些是你渴望在生命中得到更多的（必做）；哪些是因為害怕而從未嘗試的，雖然你還是抱持著期待（渴望）？

練習時間：在必做、不成功和渴望之間

再拿出一張紙，由上而下畫兩條直線，呈現出三個欄位。在左邊那一欄的標題寫下「必做」、中間寫下「行不通」、右邊寫下「渴望」。然後想一想，你想要做什麼樣的調整，在三個欄位中寫下你思考後的答案。你認為什麼是必須改變的？請記得：每個決定都有它的代價，在必做和行不通的事情上，你必須肯定自己願意付出心力。渴望的部分，是目前還無法達成或是始終都很困難的事。

你的另一半也可以試著做一份這種清單，或許可以聊聊彼此清單項目的關連性？或者，你的孩子有興趣的話，也可以和你談談他的願望？

你也許不想再住在父母或是另一半父母的房子裡（行不通），但你想要擁有一個屬於你們自己的家（必做）。你夢想有一棟房子，有自家的花園，但你擔心自己隨之而來的經濟負擔（渴望）？

奶奶不應該再一週照顧你的孩子兩次（行不通），因為你們這個新生家庭迫切需要更多的空間（必做）。理想的方法是找一個保母或是說故事姐姐，但現階段你們沒有多餘的預算可以負擔這筆費用（渴望）。

和別人聊聊，尋找對話的機會，並準備好聆聽你可能不喜歡的想法和願望。如此一來，你不僅能和別人互動，就連面對你想達成的目標，也提高了和身邊的人取得共識的機會。

| 第九章 |

成為「大人」

—擁有平靜自在，成為堅定又柔軟的自己—

真正成熟的大人，同時具備獨立和與他人連結的能力。每一種好或壞的關係都能幫助自己成為真正的大人：當中讓我們有成長和反省的機會；而且，如果我們願意抱持著開放的心胸，面對衝突，把它看成是自己的機會，甚至把它視為是給別人的機會，我們自己就能持續進步。我們透過和他人的合作改變了自己，也就是：「我們成就了彼此。」

為了學習「大人的模樣」，孩子需要大人。然而，正逢情緒當頭時，我們偶爾也很難表現出「成熟」的樣子，無法做為孩子的榜樣。你的孩子或另一半和你持不同意見時，你會如何回應？你能做到冷靜以對嗎？假使你想和家人一起，像團隊一樣，首要之務是為你自己的行為態度負責。即便如此，你的行為也可能會不符自己的期待，這種事情偶爾會發生。

鬥爭聯盟，這一種互動的模式，是我們用戰鬥的方式和對方相處，情況就如同你已經知道的卡塔琳納和安德烈亞斯的故事。讓我們來看看，「戰鬥」還可能是怎麼樣的形式，這一次不是針對夫妻之間，而是聚焦於親子關係。

提姆、莉莉和薩利姆（鬥爭）

莉莉正在看電視，提姆一聲不響就把電視關掉。

提姆：「不要再看電視了！」
莉莉：「不～要！你最討厭了！」
提姆：「不可以這樣！」
莉莉：「我偏要！」
提姆：「不可以！誰叫你這樣跟我講話！」
莉莉：「你是討人厭的爸爸！」
提姆：「你再這樣，明天就別想看電視了！」
莉莉開始打爸爸，提姆作勢要威脅她。
媽媽薩利姆出聲制止：「夠了！你不要這麼跟女兒說話！不要處罰她！你怎麼又開始了！」
提姆回薩利姆：「你不要一直插手！我受夠了！」
薩莉姆大喊：「不要在孩子面前大吼，該死的傢伙！」
莉莉哭著說：「媽媽，不要這樣！」

「已經是大人」的提姆該怎麼解決這個狀況呢？

提姆、莉莉和薩利姆（合作）

莉莉正在看電視。

提姆：「莉莉，這齣看完，我就要帶你去睡覺囉！」

莉莉沒回答。

提姆：「莉莉？」

莉莉：「爸爸，拜託再看一齣就好！」

提姆：「不可以，莉莉。我坐在這裡，等這齣結束，然後我帶你去睡覺。」（穩定、柔軟的自我表達方式，加上有意義的堅定態度）

莉莉：「討厭的爸爸！」

提姆：「對，我要帶你去睡覺了。」（態度冷靜，不隨之起舞）

薩利姆：「需要幫忙嗎？」
提姆：「請讓我自己來！」（適當地回應）
薩利姆微微一笑。
電視節目演完了。
提姆：「你要關電視嗎？還是我關？」
莉莉：「你關！但我要聽你說一個故事！」
提姆：「當然，就跟平常一樣。」
莉莉：「對，跟平常一樣。」

平衡的四個要點

孩子在成長過程中，會在依賴和自主之中來回擺盪，這是他們生存的必需條件。

這時，大人的責任是幫助他們去平衡這兩種能力：我們給予他們自由卻不放任，在他們需要我們，並且提出請求時，給他們安全感和認同。理想上來看，當我們長大了，就具備足夠的分辨能力，即使別人要的東西和我們不同，也能接納對方。我們有辦法承擔壓力，不至於中斷和自己，以及和他人的連結（基本上來說，這是你的自我連結，你已經在這本書裡看到一些相關的訊息。透過這個連結而產生的另一股專注力，不僅用在你身上，同時也用在他人身上）。

真正成熟的大人，同時具備獨立和與他人連結的能力。每一種好或壞的關係都能幫助自己成為真正的大人：當中讓我們有成長和反省的機會；而且，如果我們願意抱持著開放的心胸，面對衝突，把它看成是自己的機會，甚至把它視為是給別人的機會，我們自己就能持續進步。我們透過和他人的合作改變了自己，也就是：「我們成就了彼此。」

大衛·施納赫點出了平衡的四個不同要點。方才的案例當中，你已經認識提姆的「成熟」態度：

・堅定又柔軟的自己：你瞭解自己，按照自己的價值觀和想法行事。你支持且接納對方，即便這麼做讓你失去了平衡。你不會期待別人的肯定，就生出穩定又柔軟的自我。不會因為孩子做了未經你同意的事，就否定自己。反之，靠著別人對自己的認同和肯定過活，便是失去自我。

・平靜和自在的心：你能接納並面對自己所有感受和不安，把個人的幸福視為己任。情緒上不受他人的左右，因此享有穩定又保有彈性的互動關係。

・適當地回應：就算遇上困難，或是你面對的人，他的行為瞬間讓你不知所措，你還是會用沉穩又適當的態度應對。你不會過度反應，即便有，也會有勇氣討論自己真正想逃避的議題。

・有意義地堅持：連不舒服的感覺和情況你都能堅持住，把這些事視為成長的契機。你具備抗壓性，當你跌倒了，會再度起身並且繼續努力。就算被失望和沮喪包圍，你仍相信自己——只要這一切都有意義。

孩子需要在他們的人生中成長，學會當大人的意義，知道這是怎麼一回事。不久之前，我們收到一份建議，上面寫著：「如果要我們和孩子一起成長，那是有問題的！」但在我們來看，如果沒有把握這個機會，認為自己早已足夠成熟，甚至沒有真正考慮過自己和我們在關係中的行為，才是真正的問題。

想要活得有意義、有覺知，就要維持四個平衡的要點並且保持堅定。這樣你才能活在緊密的關係裡，並且在其中展現自己、做自己。概念就是，當你和其他人親近、和對方有責任關係時，也要活出最棒的自己，用審慎小心的態度保護自己的自主性。你知道自己有很多種樣子嗎？你生氣、感到壓力和恐懼是什麼模樣？或許可以用記錄或寫感想的方式回顧。那麼你就會認清，在什麼情況下你最沒有辦法冷靜下來。

從幼稚到成熟的轉變

從提姆和女兒莉莉的對話裡，我們已經知道，當我們能保持冷靜，情況就會大大不同。在混亂的情況下，要表現得像個大人確實不容易。不只如此，因為我們必須一邊管理好自己，另一方面也因為情況一個接著一個發生，使得自己表現得不像個

成熟行為	不成熟行為
• 往上發展 • 積極面對 • 建立關係 • 你瞭解自己 • 後來感到安心（請見資訊小盒子）	• 向下發展 • 事不關己 • 切斷關係 • 你不懂自己 • 當下會覺得舒服

成熟與幼稚行為的特徵

大人。奧地利的神經學及精神學家維克多·弗蘭克（Viktor E. Frankl）說：「刺激和回應之間存在著一個空檔，我們有能力在此時選擇自己該如何回應。我們的反應裡，存在著一個人的進步和自由意志。」

什麼是你認定的成熟表現？你要怎麼區分它和幼稚的行為呢？或許連你自己都遇過幾次這種情況，讓你摸不著頭緒且不禁想問，眼前講話的大人究竟是幾歲。或者你應該問，自己剛才「幼稚」的反應是從何而來。

即便對方的反應不如你所預期，你也能盡自己所能去面對，懂得成熟與幼稚的行為表現（請見上表），就能幫助你找出應對的方法；或者，你該採取什麼態度模式，才能得到你想要的結

成熟行為		不成熟行為	
• 接納他人	• 舉止得宜	• 拒絕回應	• 高傲自大
• 謙遜恭順	• 勇於溝通	• 為難他人	• 事不關己
• 真誠待人	• 具同理心	• 傷害他人	• 指責對方
• 樂觀向上	• 富有耐心	• 有控制欲	• 自以為是
• 腳踏實地	• 重視平等	• 過分要求	• 心腸惡毒
• 願意付出	• 寬容有量	• 神經兮兮	• 愛挖苦他人
• 思緒敏銳	• 個性正直	• 喜歡控制他人	• 滿口謊話
• 感覺靈敏	• 內外有別	• 擺布他人	• 防備心重
• 勇於接受	• 敢於拒絕	• 神經質	• 嘮叨不停
• 善於溝通	• 輕鬆面對	• 反應過度	• 固執己見
• 設身處地	• 尊重他人	• 尖酸刻薄	• 愛鬧彆扭
• 關懷他人	• 寬恕他人	• 捕風捉影	• 阿諛奉承
• 富有責任感	• 溫柔待人	• 自命不凡	• 看輕自己
• 不會退縮	• 和自己對話	• 自認委屈	• 議論他人
• 進退得宜	• 果敢正直	• 冥頑不靈	• 過度操心
• 不胡亂發脾氣	• 冷靜鎮定	• 心術不正	• 譴責對方
• 具自省能力	• 願意觀察自己	• 表達不清	• 曲解話語
• 接納他人的觀點		• 善於放出雙面消息	
• 能承受衝突帶來的緊張		• 貶低自我和他人	
• 修復與他人之間的破裂關係		• （情緒上）麻痺自我	
• 情緒、壓力控管得宜		• 不願與他人接觸	

請感受一下這些印象。這張表格也同時邀請你用以下方式來思考：「如果……可能會怎麼樣？」你也可以隨意增添表格的內容。

成熟與幼稚行為的範例

果。同時你也能看清，一直以來其他人都是怎麼表現的。

唯有你意識到了，才會有改變的機會——而你現在已經沒有推託的理由了。我們自己心知肚明，比起保持愛的態度面對他人，直接表達不滿要來得容易許多。所以：你願意竭盡所能去改變嗎？往後的日子裡，你會感到安心自在，也因此你不再依賴別人的讚美過日子，你對自己更有自信，這就是你努力後的報酬。

資訊小盒子：衝突之後的安心感

可靠且成熟地處理事情，並不會讓你在當下覺得舒服。好比在衝突的情況下，我們不假思索的應對方式，讓這個無心的行為看似「很好」，這都是習慣和直覺，偶爾也釋放出讓人不耐煩的「需求」。當我們用這樣的方式對待自己所愛的人，之後卻不會因此覺得舒坦。我們要認清，有擔當、成熟且合乎事理的行為絕非天生，過程會讓人不習慣且不舒服……但之後我們會覺得安心，因為我們用最好的想法和理智來應對，而不是表現得像個無知的笨蛋。

| 第十章 |

擺脫父母

—做勇於改變的大人，讓情緒有所出口—

擺脫父母，並不表示切斷和他們的連結！這麼做的目的，是讓長大的你在所有關係中，說出自己目前的狀況，用最貼近你自己的方式表達立場，哪些是你認為對的、合適的並問心無愧的。「問心無愧」在這裡也表示，過程中或許艱辛難熬，要做個有別以往的自己，但之後你心裡會感到平靜。擺脫父母從來都不是為了反對任何人，這麼做是為了你自己。

我們曾考慮過，在這一整章節之前設立一個引爆的警示。如果因此會影響到這本書最重要的內容，我們還要這麼做嗎？應該不行。無論如何，我們都要提醒你，接下來的許多內容都會和你個人息息相關。一個孩子，在一個有時連父母和親人都不善待他的家庭成長，日後即便長大了，仍然會忘不了心中陳年和重大的創傷。這些傷口會浮現在他的人際關係裡，特別是當他自己成為父母，在面對孩子的時候。

不管我們有沒有自覺，我們原生家庭的影響力十分深遠，不論是對我們長大後的行為態度，還有我們建立關係的模式。然而，我們可以設法自我觀察，用各種方式去瞭解我們情緒爆發的方式或程度，而不是任憑它發作。

在許多育兒指南裡，很少關注到這一類的創傷。因此，有時候我們會讀到，大人應該要看出其他人——比方說父母——的需求，如果他們的表現「異於平常」，像是當他們不斷指責我們，試圖讓我們「知錯」；或是當他們心情不好時，我們應該要為此「負責」。若情況允許，我們也想要幫助他們的話，我們當然可以試著找出苦惱他們的事。但我們不認同非做不可的這種信念。因為，我們並不一定要這麼做。

承受另一半的和親人們的喜怒哀樂是一種壓力，不管是小孩或大人都無需為他們承擔。

拒絕他人和肯定自己的作為不會讓我們成為壞人。承受另一半和親人們的喜怒哀樂是一種壓力，不管是小孩或大人都無須為他們承擔。在絕大多數的情況下，成長中的孩子卻無法擺脫這種重擔，因為他們只能依賴父母生活，但我們大人卻有選擇的餘地。我們看出這種經常刻意做出的惡意行為之後，必須加以釐清，決定自己該如何重新與他們來往和相處。

為此，你應該牢記在閱讀這本書當下或是之後所獲得的心得：在必要時，為你想要的去做出改變，也替自己和生活培養出健全的心態。

我們一直以來都以謹慎的態度來面對問題，不希望把道德上的不當行為，隨意用大人需求未獲得滿足來做為藉口，把父母受成長背景影響所表現出的過分行為合理化並加以理解。暴力行為有時也會滿足一個人的自私需求：從別人身上獲取自己想要的東西，甚至故意傷害別人讓自己快樂，還樂此不疲。

這些想法太過殘忍，我們不願相信家庭裡會有人為達目的而如此。但是，我們不會因此而責怪孩子和大人們，說他們美化或為父母的惡劣行為找藉口；而是讓他們看清事實，不再被束縛、屈服在權威之下、忍受不正常的對待，或是陷入自我怨恨的情緒裡。

同理心和感同身受，並非只用在有利社會的事情上，也可以用來找出一個人的弱點，並且朝對方的痛處一擊（像是報復行為便是如此），極度蓄意還帶著看好戲的心態，正是所謂的幸災樂禍。關於反社會的同理，大衛．施納赫在他的書《大腦的表達》（*Brain Talk*，暫譯）寫到：「反社會的同理是把一個人的痛苦和悲慘當成快樂，對於傷人的舉動明顯缺乏憐憫之心，即使他表明自己有多懊悔。這就是反社會同理的一種特徵。」

這也是父母和親近的人最常玩的小遊戲：正在成長的孩子並不明白他們的舉動，

擺脫父母從來都不是為了反對任何人，這麼做是為了你自己。

覺得受傷及遭受打擊，因為他們不懂，眼前這以愛為名的舉動代表什麼意義。在此，我們要對每一位讀者致上敬意，在情緒和肢體上，你們的所做所為，和我們所描述的情況相差甚遠，在這種情況下，最終仍要下定決心去瞭解這個加害人真正的想法，去揭露他的「心思」——也就是，他的意圖以及打算——去面對家裡有人做出如此殘忍的舉動。而通往療癒的第一步即是理解。

擺脫父母，並不表示切斷和他們的連結！這麼做的目的，是讓長大的你在所有關係中，說出自己目前的狀況，用最貼近你自己的方式表達立場，哪些你認為對的、合適的並問心無愧的。「問心無愧」在這裡也表示，過程中或許艱辛難熬，要做個有別以往的自己，但之後你心裡會感到平靜。擺脫父母從來都不是為了反對任何人，這麼做是為了你自己。

如果一段關係已瀕臨崩潰邊緣，許多衝突都未能有效解決，而是不斷反覆上演，關係裡的每一個人就必須改變作為，不僅在和別人的相處上，自己也必須改變。至少要有某個人必須即刻提出改變行動和關係的方案，才有可能建立新的關係。

首先要改善你和自己的關係。我們無需期待他人的加入，你為自己作主，無關誰的責任。沒有人能預言其他人要怎麼調適，會不會加入我們的行列：這也有可能是他們的大好時機，能和你一起或陪你成長，也或許不是。愛與關係都需要冒險：鼓氣勇氣吧！

成人父母的不同樣貌

我們可以把父母分成許多種類或者是「樣子」。像是直升機父母，不斷繞著孩子打轉；或是「冰壺家長」，為孩子掃除所有阻礙（在冰壺競賽中，隊員在冰場上用鐵桿傳遞一個很重的花岡岩球，同時有一人要掃除及刷乾冰壺前的冰塊，讓冰壺可

以盡可能往前並刷向終點）。還有民主型的父母，對他們來說，所有人都取得共識才是唯一的正解；或者是「好朋友父母」，他們最怕被孩子說落伍了，他們偶爾會因此感到丟臉。那有完美的父母嗎？關於這點就真的沒人好談了，因為在我們眼中，這樣的人並不存在。

我們體會和經歷各種關係和情況，最好情況是能因此而成長；如果感覺不正確，我們會修正路線，並考慮如何行動。以完美做為目標的念頭，因此被我們拋在腦後。很多的壓力和失望都是因為追求完美而生，而有自覺、成長和正向的改變——這才是我們想要的生活。

關於父母類型的書籍還有許多，我們在此只做了簡短的介紹，因為我們更在乎親子之間的關係，還有它日後對成人的影響。此外，我們也提出在工作上一再遇見的四種父母類型：

・稍微神經質
・有暴力傾向
・飽受疾病所苦
・難以捉摸

發現自己行為脫序而震驚不已，開始尋求協助，像這樣的父母已經處於和自我抗衡的過程裡。他們的內心糾結，急於尋求方法。有愈來愈多的父母和祖父母沒有意識自己的行為，這讓我們很擔憂：當別人提醒他們所做的事，有些人，甚至不願意承認，或者主張自己回應孩子或孫子的方式完全合理。對此，大衛．施納赫說：

「假使要為這些人的行為脫罪，我們會變得很有創意，因為我們實際上也在為自己編造相同的藉口——為了替他人的行為找下台階，說他們不知道自己做了什麼，這樣我們就無須爭論……孩子一旦觀察到父母在眾人面前的表現明顯有別於在家裡，他們就會覺得，父母在家所表現的樣子是不正確的，這一點父母也瞭然於心。此時此刻，孩子會意識到，他的父母沒有盡最大的努力。」

❤稍微神經質的父母

面對子女「特殊」的生活方式，稍微神經質的父母會用幽默感來應對，甚至和子女一起，或從他們身上學習。他們或許擔心，因此會極力要干預子女的新家庭並且經常打電話關心，但他們終究還是充滿著愛來面對一切事情。他們不會「打壞」聯盟的關係。

他們可能津津有味聽著子女告訴他們的事，或者拿子女對「教養」的看法和意見來做為消遣的話題，這就是身為祖父母會做的事。他們也會因子女對孫子的方式不同而吃驚。有些事在他們看來很不合理，但在許多情況下他們還是不動聲色。像是在家庭聚餐時直接站起來？超過六個月毫無音訊？和孩子在床上睡著了？這些行為對他們來說簡直是超乎想像，但「稍微神經質」的父母會保持好奇心和開放的態度。

❤有暴力傾向的父母

有些父母教導孩子要聽話，用言語或肢體暴力和恐嚇威脅的方式，阻擋孩子的想法和自由。用這種方式帶孩子的父母，只做自己想做的事，也認定這是對的。我們有意用「父母」而不是「父母其中一方」，因為我們認為對暴力行為袖手旁觀，也意味著主動參與。有些父母在肢體或情緒上傷害孩子，他們用高壓、控制及處罰來教導孩子，這都是言語心理上的暴力。為了用這種方式來教孩子，他們一定知道和瞭解孩子的痛處在哪裡。

在這種教養的模式下，完全無法做到尊重彼此的溝通，人和人也沒有對等互動。這時，孩子多半會比大人來得更成熟，一肩扛起大人的情緒。他們忍受父母的暴力行為，總是期盼著他們會因此好起來。最後，這樣的相處模式被視為「理所當然」。或者，孩子將父母的行為怪罪到自己身上。要治癒這種心靈和精神上的創傷，通常要在自我探索方面花費很長的一段時間，然後鼓起很大的勇氣，才能再次完全接納和他人的關係。

這也是為什麼，年輕的父母和自己的孩子處得很好，卻無法親近另一半，或是夫妻關係裡一再出現失控的行為。在我們眼裡，這樣無視另一半的行為值得商榷，但

卻可以理解：你在小的時候就知道，自己一旦不聽話就會挨打，你就配合爸爸想要的方向。或者，你明知道過自己想要的生活必須付出代價，卻藉此來保有自己的主控權——特別是你不想總是表現出聽話的模樣。服從或是反抗規矩，兩者都可能成為一種關係模式，進而重現在夫妻的相處上。

♥飽受病症所苦的父母

部分父母有長期性的精神障礙，因為（隔代）創傷經歷或是家族的心理障礙，才會有失控的行為表現。有些父母則患有心理疾病，被診斷出憂鬱症和邊緣性人格，甚至是思覺失調症。我們把酒精和其他物質成癮的父母也算在這個分類裡，他們以某種方式應付日常生活，卻過得一般人還要糟糕。在這種情況下，這些父母是否有「病識感」就成了關鍵：知不知道自己有狀況，怎麼去面對，是否要找尋短期或長期的協助，好讓家庭可以運作下去。如果他們不肯對自己和家人坦誠狀況，並且毫無作為，不在乎一家人的和諧，就會成為家庭系統中的不定時炸彈。為了讓一切可以變好，維持平靜，其他家庭成員必須扛起責任，或者隱匿並輕忽問題的嚴重性，他們因此彼此依賴，成了勾結聯盟的一員。

卡琳和哈拉爾德

卡琳是名老師，他的先生哈拉爾德是一個小鎮的鎮長，他們有三個孩子。哈拉爾德有酗酒的問題，他的情況已嚴重影響到家庭。此外，只要他喝了酒，就會變了個人、情緒激動，特別是針對卡琳。只要卡琳知道哈拉爾德在回家路上又喝了酒，她就會早早就帶孩子去睡覺，連她自己也會提早上床，才不會成了丈夫的出氣筒。

哈拉爾德回到家時，卡琳會假裝入睡，但她的心臟噗通噗通跳，希望丈夫可以直接就寢，讓她安靜一下。偶爾他會睡在客廳的沙發上，這時卡琳就會起床，確認他有沒有把菸熄了。早上孩子起床之前，卡琳會設法把丈夫帶進臥室裡，她不想讓孩子看到爸爸喝得醉醺醺的樣子。等哈拉爾德睡醒，他又如往常一樣滿懷愧疚，發誓會改進並且道歉，但下回他還是一樣會跑去喝酒。這個故事聽起來一點兒都不美好，至少可以預見會發生什麼事。

面對丈夫的行為，卡琳試圖去穩住這個情況，她阻止孩子為這件事發聲：他們不認識自己爸爸真正的樣子，只看到了一小部分而非全貌。所以孩子活在緊張的氣氛當中，他們覺得空氣中有什麼不對勁，媽媽總是處在威脅之下，要一直提前做好防備。如果把這個情況和我們先前提到的圓圈做連結，它代表著孩子並沒有感覺到媽媽也在他們的圓圈裡。

此外，卡琳一直跟孩子保證一切都沒事，這讓孩子覺得迷惘，非常不知所措！因為比起他們所感覺到的、察覺到的事，他們更信任媽媽所說的，卻也因此漸漸失去和自己對話的機會，失去內心的方向和自己真實的想法。

♥難以捉摸的父母

有些父母很棒且近乎完美——只要孩子表現出他們所想要和期盼的樣子。這些孩子是用來「彌補缺憾」的，必須符合父母心中圓圈的模樣。但隨著不同的日子、不同的心情，這些事都會一變再變。當還是孩子的你，試著表現出「勇敢」，迎合別人的期待時，卻還是完全不曉得自己什麼時候會「犯錯」。只要你的行為不如他們的意，父母馬上就讓家庭氣氛變了個樣。像是說出：「你真的這麼想的話，就進你的房裡，不用再出來了！」或是「如果你真的這麼做，你就不是我的孩子！」……等。

對於這種行為是否能斷定為自戀，我們仍持保留態度。但我們認為最糟糕的是那些具有反社會人格或自戀傾向的父母，因為在孩子的立場，其實永遠都不知道該怎麼和他們相處。毫無安全感，總是處於警戒的狀態，真的會讓人發瘋！雖然隨著時間，你學會該討論或避談哪些話題，試圖讓共同生活變得可行，但生活總會讓你的期待落空。原本今天相安無事，明天可能就爆炸了，似乎隨時都處在危險當中。

覺醒吧，做個像樣的大人

擺脫父母是一個過程，一直以來你不願意面對身邊親人各種的行為，在這個過程

中，你要有膽量看清它們。觀察、認清、分析並思考你自己能做什麼，可以為你改變現況，無須期待別人的改變。這是你的事，當現況困擾著你，或是你和孩子的關係不順利，就該做出新的決定了。

我們可以舉出許多各種人的案例，但這麼做並沒有對每段關係裡的細微差異給予客觀評價，甚至比在這本書所做的還不足。去找出每一個為什麼以及怪異行為的原因，解釋並追問，這些都已超出這本書的範圍。好在這些其他的為什麼並不會影響你朝向擺脫父母的道路。最要緊的，也是我們說過的：根據你的想法，重新決定怎麼和這些人相處。

因為重新面對這些不舒服情緒，不可能一夜之間就完成，我們在此只能很簡短的描述這個概念以及完整的過程。為此，我們要借用一個你已經認識的家庭做為案例，你已經洞悉這個家的關係和成員的互動方式，就是：卡塔琳娜、安德烈亞斯、兩個孩子和祖父母。即便你沒有在這一家人的故事裡重新找回自己，或是釐清你自己和安德烈亞斯的擺脫父母過程，我們都希望能讓你認清某些關係的互動方式，讓你能再次運用在和親人相處的經驗裡。

安德烈亞斯和卡塔琳娜一家人的聖誕節（之二）

聖誕節這天，所有人來到安德烈亞斯的家裡。按照慣例，在平安夜這一天會回顧過去的事，安德烈亞斯的父親赫爾伯特找出舊的影片，讓所有人一同觀賞，這一次的內容是瑪莉的受洗儀式。卡塔琳娜看了影片後，開始感到頭皮發麻，內心七上八下：「不！別鬧了。」為什麼呢？因為當時是由卡塔琳娜的母親在受洗的過程中朗讀祈禱文，而不是羅莎。果真，不到一下子，所有人都聽見羅莎嘆了好長好深的一口氣。接著，安德烈亞斯馬上就回應了。

安德烈亞斯：「媽媽，怎麼了？」

羅莎：「唉，沒事。」

赫爾伯特：「一定有什麼！孩子的媽，說嘛！」

沒有人出聲。

羅莎小聲地說：「就是，我想給瑪莉的祈禱文……」

安德烈亞斯打斷羅莎：「媽，拜託！每次都是同樣的話題嗎？」

羅莎哭著說：「是你問我的！我本來沒有要說！」

卡塔琳娜擠出笑容：「有人想吃洋芋片嗎？還是喝點什麼？」

安德烈亞斯：「唉，媽，我拜託你，沒有這麼糟吧！」

他起身走向羅莎，深深地抱了她一下。羅莎的眼淚不停滑落。

瑪莉：「媽媽，奶奶怎麼了？」

卡塔琳娜翻了個白眼說：「沒事，親愛的，沒事。」

赫爾伯特喝了一大口紅酒。

羅莎輕撫著兒子的臉頰：「你還是我的寶貝，對吧？」

安德烈亞斯嘆氣：「對。」

羅莎對著瑪莉說：「瑪莉，你看，奶奶已經不難過了。過來親一下奶奶，一切就會沒事了。」

卡塔琳娜帶著兩個孩子離開，時間已經很晚了。她讓瑪莉和馬克準備睡覺，馬克跌了一跤，哭了起來，卡塔琳娜罵了他。瑪莉大聲喝止她：「媽媽，不要罵人！」

這一幕讓你有什麼感覺？誰做了什麼，為什麼做？後來發生什麼事，原因呢？羅莎做了什麼事？她有什麼目的？這是她的「心緒地圖」嗎？（請見 P.272），她明白自己的行為帶給在場的人什麼感覺嗎？瑪莉又遇到什麼事，她問的問題和得到的答案居然沒有關連性？她知道，奶奶剛才做了一些奇怪的事，她感覺到了。大衛．施納赫給了我們思考這個議題的空間：「不到四歲的孩子已經能看懂，當有人想對其他人做出一些負面、傷人或在社會上代表錯誤的行為。」

我們來看看，在場的人各自如何回應：我們看到的是一幕優雅、精心設計的表演。家家戶戶都能見到這種尷尬、緩和場面的戲碼，只是每家的不太一樣。家庭成員不斷來回上場，此時不禁要問：他們明白自己是在表演嗎？案例中的羅莎是否清楚知道，自己是如何得到她想要的回應的呢？

我們想要借用一個日常生活的例子，來說明「有意識」和「無意識」的行為：

你知道高速公路上「占用中線車道的人」嗎？你超過他，他就生氣，甚至對你比中指——因為你提醒式地按喇叭吵到他講電話。我們應該要用「他不知道自己在幹

嘛！」為他脫罪嗎？我們認為這種行為欠思慮且野蠻：其他用路人都要習慣這種人，還為他著想？這位駕駛應該被喇叭聲提醒，知道自己不對，抱著感謝和道歉的態度駛進慢車道，這是我們期待看到的，但這樣的機率微乎其微。有些人理直氣壯，彷彿他的行為對他人不構成影響，好像他才是最大。這種人知道、還是不知道自己在做什麼？他不知道自己在開車嗎？不知道自己在講電話嗎？不知道自己可以移往慢車道嗎？我們認為：他知道，但是完全沒有考慮並尊重別人——事實就是如此。

現在，我們假設這個占用中線車道的人，並不是故意要惹其他人不開心。但假設如此，莫非那個人要上路之前，還思索變換車道的時機，跟你玩個小遊戲，刻意不要讓你超車，還加速讓你超不了——這根本是無稽之談，還很危險。不幸的是，這種行為正好對某些人的胃口。

我們會寫這個的原因，是為了支持「利社會行為」（Prosocial Behavior），不願姑息這種壞習慣。這些慣性行為不合理、讓人厭惡甚至引起糾紛，一點都沒有顧及他人。比起我們啟動儲存自動反應過程的小腦去應對，我們還有其他的選擇——前額葉可以幫助我們做出最好的反應。因此，我們必須要思考並有意識地做決定，這會比保持原有的習慣來得辛苦，但我們可以選擇：要維持原狀，還是變得更強大？

當成年人做出無禮的行為，侵犯親近的人、傷害及利用他們來得到好處，這些舉動當然也都有他的理由。所以，我們要如何展開這一趟自我探索之旅，揭開一直以來被隱藏的事實，也不能少了其他人——父母和像羅莎一樣的祖父母——陪我們走這一段路。我們可以想到所有發生在他們身上的可怕狀況，比如他們自己不快樂的童年。「原來他們也有過這樣艱難的時刻！」很多現在已長大的大人是這麼看待他們的父母的。然而，他們的所作所為，到了今時今日就算合理了嗎？

曾受過創傷的人會抽離痛苦的經歷，但這樣的結果，導致他們在生活中的某些場域裡可以表現得很完美，遇上其他情況就完全失控。創傷發生的同時，我們大腦的前額葉會受到影響，錯覺也會盤踞在這裡。這個創傷來得愈早，認知障礙也會出現得越早、越明顯。但是，誰都不該因創傷而絕望，或是利用它來為差勁的行為找藉口。即使情況再怎麼艱難，我們都能為自己努力。

我們成年人要為滿足自我需求負責，找到合理的方式來達成目的。

我們能做到的，羅莎當然也可以：為了我們的心理健康，一定要讓所有的感覺有個出口。就像很多孩子在年紀小的時候，父母用「不要這個樣子！」、「唉，這又不會痛！」來教導他們否定自己的感覺和情緒，這麼做會讓他們的心理生病。羅莎可不可以難過呢？當然可以！即使事情已經過了這麼多年，她在觀看影片時還是覺得非常難過，這也沒什麼大不了的。她或許期望被關愛和被需要，只是她選擇滿足需求的方式，實在是下下之策。我們成年人要為滿足自我需求負責，找出合理的步驟來達成目的，連羅莎也應該如此。

我們如何說出需求和感受，這是永遠的課題。做為大人的我們，有好好面對這件事嗎？還是我們總是斥責他人？我們可曾認真體會對方的感受，或許稍稍依偎在我們另一半的身旁？換成羅莎會怎麼做呢？還是乾脆就用不健康的方式，讓大家感受我們的情緒，來獲得一點點的「關愛」？

案例中安德烈亞斯的處理方式，真的是一種愛的表現嗎？我們抱著懷疑的態度，而且我們也認為，這是因為他誤以為自己應該負責。達米．查夫曾說：「有人為了他人扛起了壓力，才使得某些關係得以成立——但這不是愛！因為這個人才有了這分關係，如果我放手了，也就失去對方了！這未免也太悲哀了！」

如果羅莎不光只是瞭解自己的成長背景，更積極面對自己的責任，看清自己的創傷和它帶來的影響，就能用新的態度來面對它，這對每個家庭成員來說，或許是最受益也最健康的作法。當她不再受到自己過去的影響或轉移注意力（藉由身邊人給她回饋，或是接受心理治療），反而去認清，自己的行為始終都困擾著自己所愛的人。還有，赫爾伯特也必須意識到，他的退讓對事情沒有幫助，只是讓情況更糟而已。

安德烈亞斯和卡塔琳娜一家人的聖誕節（之二）

羅莎嘆氣。

安德烈亞斯：「媽媽，你還好嗎？」
羅莎：「每回看到祈禱文的片段，我都會難過個不停。」
赫爾伯特：「羅莎，別對你自己那麼嚴苛！」
羅莎：「這太困難了，我氣我自己！」
安德烈亞斯：「媽媽，可以不要每次都講同樣的事嗎？」
羅莎深吸一口氣：「到此為止。我們往下繼續看吧！往好處想，過去已經過去了。我求求你聽我的，行行好快按下『播放』鍵吧！不然我馬上就寫好祈禱文唸給你們聽。」
卡塔琳娜：「拜託不要！我相信你了！」

聽起來很不錯吧！但我們不能自以為或是期待其他人會改變，而我們會因此好起來。跨出自我覺醒的那一步，唯有我們有心才做得到。

心緒地圖

我們身邊的人擁有一張介紹我們的地圖，他們認識我們，「讀懂」我們，所以能預知我們面對特定刺激或某些行為模式，會如何回應。孩子也擁有一張父母的地圖，這是他們的生存指南，所以他們知道父母的處事方法、致命傷和模式。

資訊小盒子：繪製心緒地圖

大衛．施納赫在他的著作《大腦的表達》中寫道：「描繪思路是我們大腦天生就具備的能力，它能繪製其他人心中想法的樣貌。最重要的是，它能用來預測其他人的行為和意圖，也就是：這個人腦袋裡裝著什麼『念頭』？」

比方說，孩子會利用這種念頭。他們覺得沮喪，因為得不到某些東西而必須「抗議」。或許孩子知道，你最近因為工作爆增，內心有所愧疚。如果他現在有個願望，是你原本就不同意的，當他提醒你上星期很少陪伴他時，就會促使你為他完成心願。

珊德拉

當兒子想從我這裡獲得他想要的東西時，他會對我說：「可是，媽媽你都很少在家！」因為我手上握有一張孩子的地圖，我知道他不是真的難過，他這麼對我說，是他知道我會因此責怪我自己，他懂得這個致命點。這個方法，我小時候也用在我父親身上，讓我可以控制他。就像關心自己這件事，是我父親在原生家庭裡沒有學到的。我還記得，十七歲那一年，我曾對他說：「好吧，只要你好就好！」然後我得到我「想要」的——沒有互動、沒有衝突，也沒有真正的交流。孩子不想被父母操控，不管是爸爸或媽媽也好，他們需要的是引導，藉由和父母討論而成長；他們想要和父母互動，有互動才會產生熱度。

正因孩子知道我們的致命傷，就算我們沒有說出真正的感受，或是不想承認，他們隱約知道我們的反應。你的孩子知道你正在煩惱，同樣地，他也知道你看似很好，其實正在難過。因此，你的快樂牽動著孩子，會影響著他。孩子透過觀察你的內心想法，當你在低潮時，在情緒上支持著你，然後他替你背負了快樂的責任，不管是有意或無意，孩子自然就扛起這個重擔。

瑪莉和卡塔琳娜

瑪莉察覺到媽媽卡塔琳娜不開心。從幾個星期前開始，她總是會走到媽媽面前，看著她說：「媽媽，你是世界上最好的媽媽！」一開始，卡塔琳娜還可以把他們平時的相處和這句話做連結。但在這期間，她卻覺得不太對勁：這已經不單純是晚上的例行招呼，或是自發性地抒發感覺。最近瑪莉很常這麼說，也太頻繁了吧？

我們當然可以問，這些事之間可能有什麼關聯性，並且回想瑪莉出生時的情況？她在幼兒園裡過得好不好？瑪莉怎麼面對弟弟的出生？但是，我們必須關注看得見的事，不多做分析，這樣我們才能在關注當下情況時獲得資訊。瑪莉會每天都重複做同樣的事，其中必定有原因。我們就從不同的面向來看卡塔琳娜和瑪莉的互動。

每當瑪莉爬上媽媽的大腿，捧著她的臉，兩眼直視著她說：「你是世界上最好的媽媽！」瑪莉的意圖是什麼？卡塔琳娜有解讀到瑪莉的想法嗎？她又會怎麼看待女兒的話呢？為什麼瑪莉要一再提醒卡塔琳娜「她是最好的媽媽」？在卡塔琳娜正忙著在心裡自言自語時，瑪莉讀到了什麼訊息？特別是，當卡塔琳娜自言自語的內容跟婆婆羅莎有關，是充滿憤怒、埋藏在內心深處。當安德烈亞斯以自己的方式回應卡塔琳娜，然後跑去羅莎家吃飯時，瑪莉會怎麼看待她的爸爸？連卡塔琳娜自己都可能不願意承認的想法，被瑪莉察覺了嗎？

有沒有可能，瑪莉每天這麼做，是為了讓卡塔琳娜「上癮」？許多證據都讓我確信答案正是如此。瑪莉日日如此，就連早安時也不放過，為什麼她會想要增強媽媽的信心，想幫助她？這卻讓卡塔琳納覺得自己愈來愈「不對」，因為她不想讓女兒在這種環境成長，有種每天都要巴結母親的感覺。這個小女孩不應該一直為了母親的情緒費心思。

在卡塔琳娜發現瑪莉的行為和自己的情緒有關之前，她所設想的種種可能性，就是比擬大腦逃避面對真相的樣子，因為這個過程太難熬了。此外，這也同時是一個完美的案例，可以接著用來說明尤爾理論中的「親子的連動關係」。我們想再次回顧這個概念，因為我們認為這是和孩子一起生活的必備能力：這種方式，被解讀成（多半被誤解）是孩子針對父母未覺察到的部分，所給予的「適當回饋」。沒錯，認清事實會讓人難過，因為我們做父母的會知道自己必須有所作為——這是為了孩子，也是為了所有人的幸福。

尋回你的渴望

我們擁有身邊親人的心緒地圖，孩子也是，只是地圖的大小有別而已。

以下是羅莎和安德烈亞斯的對話，在看完對話之後沉澱一下，並觀察這個過程。不必著重在談話的內容，重點在於：安德烈亞斯有讀到羅莎的想法嗎，她的目的是什麼？羅莎提到卡塔琳娜的什麼事，會讓安德烈亞斯陷入什麼樣的處境裡？

羅莎和瑪莉（之二）

打從卡塔琳娜能思考以來，她一直都很「勇敢」，適應力很好。她在年幼時很早就學會了這種行為模式，也伴隨著她到現在，但她經常因為羅莎和瑪莉的互動方式感到很頭疼。這種默默忍耐，終究會醞釀成巨大的爆發，而且是對著孩子。

在這段時間裡，她發現瑪莉和奶奶共處後，生氣和激動的次數增加了。瑪莉也經常心情不好，想要解開奶奶幫她編好的辮子。一旦她自己沒辦法做好，就會變得不耐煩，開始大聲吵鬧，甚至打弟弟馬克。她的行為讓卡塔琳娜和安德烈亞斯覺得很焦慮，因為他們兩個人都不知道該拿她怎麼辦。

他們沒有一起觀看「小寶貝與我」（Mini und Me）在 Youtube 頻道上討論憤怒、衝突和情緒激動的一系列影片，安德烈亞斯反而找媽媽羅莎談這件事。羅莎不可置信地搖著頭說：「不可能，這不是我鍾愛的瑪莉，她跟我在一起從不會這樣！我們該怎麼辦才好？我跟你說，都是卡塔琳娜沒有管好她才會這樣！或是只管教她，不在乎和她的相處關係，還是一定是她做了什麼。你一定要想想辦法才行！否則就糟糕了，來不及救瑪莉了！」

安德烈亞斯覺得沮喪且愧疚，媽媽的話讓他嚇了一跳。他問：「媽媽，你真的這麼想嗎？」

羅莎回答：「當然！你的太太只想應付整天躺在那裡、什麼都不會的小嬰兒！我都帶孩子幾十年了！你不也就這麼長大了嗎？」

讓羅莎和安德烈亞斯的對話在你的腦海裡停留一下，然後觀察這個過程。安德烈亞斯同意媽媽說的話，為什麼呢？你能預測這個故事的後續發展嗎？

羅莎和瑪莉（之三）

安德烈亞斯離開了。他的腦海裡盤旋著無數的想法。卡塔琳娜這麼用心帶孩子，這麼愛他們，對孩子有耐心，這是再清楚不過的事了。真的！連他都不禁佩服起自己的太太。但是，她最近很常咆哮，瑪莉也是，所以羅莎說的也不是完全沒有道理。安德烈亞斯不知所措而且很困惑，當他回到家後，他告訴卡塔琳娜，一定是她管教瑪莉太嚴格了：「她的一舉一動實在是不可思議！她在我媽那裡從不會這樣。」

這天晚上，卡塔琳娜和安德烈亞斯分房睡，隔天和接下來的幾個星期也是。某天早上喝咖啡時，卡塔琳娜望著站在冰箱前找奶油的丈夫。當他們四目相交時，卡塔琳娜用堅定的口吻說：「在你媽媽和我之間，你必須做出選擇。」

安德烈亞斯做了決定，然後他長大了。

他們共同生活的這段期間裡，安德烈亞斯從來沒這麼清楚過，他知道卡塔琳娜是認真的。安德烈亞斯必須要表明立場，不要再陷入對誰比較好的兩難或是當傳話的角色。為了他自己家庭的幸福，他知道沒有退路，必須跳脫現況。而他也準備好付出代價。

卡塔琳娜和安德烈亞斯在朋友圈和諮商裡得到了支持。讓他們看清家庭成員之間的角色，讓他們有勇氣去開創自己的劇本。安德烈亞斯必須自己和父母解釋，真誠面對自己想要的人生。新的生活來臨了！

我們在這本書裡提到的過程，已經過刪減和簡化了。如果你也在這之中看見了自己的故事，我們想建議你尋求專業人士的指導。

找回自己想要的事

安德烈亞斯讓自己、太太和父母都大吃一驚的時機點，比預期來得更早。就在羅莎邀請他們星期天一起吃飯時，他頭一次拒絕了，因為他想花多一點時間陪伴太太和孩子。這個決定對他來說很陌生。他真正想要的是什麼？這個問題直到排除了他母親強烈的欲望之前，一直都未明朗。用不一樣的方式面對自己，發覺自我，找出「願望」，讓他對生活又重新燃起了熱情。我們來看看以下的對話。

羅莎：「星期天有烤丸子配沙拉，點心是蘋果捲。我們十二點開動，這次要準時哦！」

安德烈亞斯：「謝謝邀請！我們這個星期天不過去吃飯。」

羅莎：「我說十二點！」

安德烈亞斯：「媽媽，我們星期天不會過去！」

羅莎：「兒子，你認真的嗎？食材我都買好了，這麼多東西誰要吃呢？這太沒道理了！我想要弄好吃的給你們吃。我現在真的很失望，我的心血都被你們踩在腳底下。」

安德烈亞斯：「媽媽，不要那麼激動！我們沒有覺得這樣不好！我們偶爾也想要有自己的時間，這個機會不常有。」

羅莎哭著說：「我都不認識你了！我們的時間不多了，我不會永遠都不死！希望你不會後悔沒有多花點時間陪我，你本來可以這麼做的。你自己想想！你一直都是我的心肝寶貝！」

安德烈亞斯：「媽媽，我拜託你，我們住在同一棟房子裡。我們不會一直都不見面。我們下次再過去你們那裡。我想要改變我們的生活，也想要好好經營我和卡塔琳的關係。」

羅莎：「算了算了，到此為止。你去吧，去過你們的好日子。我和你爸爸，我們會自己看著辦。對吧，老公？」

赫爾伯特：「什麼？他又做了什麼？安德烈亞斯，你幹嘛要惹你媽媽不開心呢？你知道，她容易情緒激動！」

羅莎拿了面紙，接著說：「不，老公，算了，就這樣。」

安德烈亞斯：「我希望在往後的日子裡，媽媽你能認真看待我的想法。該說的我都說完了，我要走了。」

花了一點時間消化剛才所有的經過，安德烈亞斯事後回想起來覺得很安心。但他對自己的「方法」還是不太滿意，但他已經有些心得：

・他氣自己沒有提早告訴父母，他們週末不再過去吃飯了。在羅莎多想之前，他應該先通知他們才對。

・他意識到了原生家庭對他理所當然的要求。父母不是以詢問意願的方式邀請，而是直接通知、下達命令：「你們要來！」直到現在，他才發覺自己早已習以為常。

・他看懂了羅莎的把戲：她想讓他覺得愧疚，認為自己做錯了。但沒有用，於是她改變作法，找先生出馬。而赫爾伯特只想維持原狀，他告訴安德烈亞斯，不要想做一些不一樣的事讓媽媽感到不安。接著羅莎突然靠向兒子那一邊，再次做起了好人。

・他想為了自己的決定辯駁和解釋，也為了孩子和卡塔琳娜。因此，他必須學會面對挫折。

資訊小盒子：像義大利麵條般的大腦

在對話的過程中，安德烈亞斯有幾次都要和他的「義大利麵腦袋」對抗。這就是大衛·施納赫對此時的大腦狀態所下的註解：當我們親近的人做一些事，觸及到我們內心深處的道德感，讓我們覺得困惑時，大腦就會像義大利麵條一樣糾結。他們的語言和行為讓我們吃驚，甚至不帶好意：「我感覺到了什麼，覺得受傷，這個人應該不會這麼惡劣才對，他明明是愛我的啊！」這是我們的想法。我們不想承認對方行為挑起我們內心的不安，寧願相信我們一定是誤解對方的用意了。

安德烈亞斯長久以來都刻意隱藏想法，因為他能預料到，自己如果不這麼做，就必須和媽媽的嘮叨抗衡。他也心知肚明，媽媽試著抹去他的想法，她無法忍受這種情況，無法認同安德烈亞斯和他的意見。

義大利麵條般的大腦就是這麼來的：對於每一件事，羅莎都有她自己的一套道理，並以此滿足她的需求，哪怕是犧牲兒子也在所不惜。如果我們從父母或我們在意的人身上發現到這件事，根據施納赫的說法，我們的大腦會「崩潰」，接著再也無法冷靜思考。

安德烈亞斯往後的發展

基於他的想法，配合上他的認知，安德烈亞斯的行為還有改變的空間，他會持續往前進。終於，卡塔莉納總算擁有一個已長大的先生：一個真正、認真對待自己的另一半，也是這個家所需要的父親。現在，該輪到她離開已經習慣的舒適圈，在那裡總是由她一個人掌控全場。現在，要把這個責任和掌控權，還有透過家庭協調才慢慢出現的安全狀態交給安德烈亞斯，或是和他一起承擔，卡塔琳納覺得很困難。

所以，她即將邁向未知的國度，並且準備去學習建立並生活在平等的關係之中。

他們也發覺到瑪莉的改變。這個總是情緒氾濫的小女孩不再緊繃了，當媽媽和奶奶沒給對方好臉色看時，她只能坐在兩個人的中間，不知如何是好，為了該選哪一邊所苦惱，但無論是哪裡，都沒有人聽她說話。其實，她只是單純想愛每一個人。

我們說過：家庭就像一個系統，只要有一個地方改變，就會連帶影響其他部分。所有家庭成員之間存在著許多內心未說出口的話，連帶結果也未可知。卡塔莉娜連同安德烈亞斯，放下了舊時面對彼此關係以及對待安德烈亞斯父母的方式。新的作法還未誕生，但他們不想再回到過去了。他們想成長，即使過程中偶爾要面對不舒服的事。

練習時間：找到擺脫父母的步驟

為了讓你舞出自己的新人生，你必須找到新的舞步。擺脫父母，是指找到你自己的舞蹈、節奏、步伐和律動方式，從我們的建議裡，你可以編排出屬於自己的舞步：

- 帶著意識仔細觀察你原生家庭裡的關係和互動方式，即使觀察的過程可能會讓你痛苦或難受。
- 熟悉「心緒地圖」，並且開始運用在你的親人身上。
- 為自己尋找支援，像是團體輔導、試著用大衛．施納赫的「刺激神經生物學治療法」（Crucible Neurobiological Therapy），我們在這本書裡所描述的擺脫父母的過程，也是借用他的概念。

- 你相信伴侶、孩子或朋友對你父母的看法嗎？如果可以，請由他們的觀察來瞭解你的父母。想想他們做事時的目的，找出模式來；並觀察你的自然反應。
- 寫下內在精神的對話，這麼一來就能找出盲點，找出傷害你的人的行為模式和步驟。如果少了這個過程和準備，和他們重新對話也顯得沒有意義。你就像在寫一個新的劇本，並且自己思考正確的答案，而不是老調重彈。此時，有人從旁協助也可以，因為盲點正是你所看不見的點。
- 你必須戒掉習慣，你慣用的行為模式和自動反應，以及上演鬧劇的習慣。你曾經在某個場合抱怨過你的父母，把事情鬧大，然後改變了什麼嗎？接受你埋怨的人，只會助長你用這種方式維繫關係。

找到你的節奏，平衡你的能量

擺脫父母的必備條件是什麼？安德烈亞斯是如何辦到的？大衛．施納赫在《大腦

的表達》的內容一開始就寫到：

「去做一些好的、不同的、和你的性格完全不同的事。當你做出讓其他人意料以外的舉動時，你就吸引了他們的注意力，開始重新看待你。如果你持續這麼做，你的心緒地圖就會跟著改變，這些人影響你的方式也會跟著不同。」

很遺憾的，這並不表示你的父母——或是某個把你看成是必要支柱的人——自動會和你往好的方面發展。你用來和他們互動的新方法，有可能會加強他們現有的行為模式。如果真的遇上了這樣的情況，你就要思考，讓自己遭受這樣的對待，真的有意義嗎？

練習時間：讓你活得更健康的口號

擺脫父母，成為自己堅強支柱的過程——即使是在你的原生家庭之中——都要從你自己做起。以下的話語可以在這個時候陪伴著你：

- 「我要和身邊的人平等地生活。」
- 「我認真看待身邊的人。」
- 「我為自己的行為負責。」
- 「我不必為身邊大人的行為負責。」
- 「我沒有責任要滿足身邊大人們的需求。」
- 「我會接受殘酷的事實。」
- 「我看見的是你原來的模樣。」
- 「我不想改變你。」
- 「我有勇氣做原來的自己。」
- 「我有勇氣改變自己。」
- 「我的言行符合我的意願。」
- 「我遠離傷害我的人。」
- 「我為自己的快樂負責。」
- 「我走我自己的路。」

某些人是貨真價實的「能量吸血鬼」，不管是案例中的羅莎也好，或是同事或朋友，無論何時，他們只要感到不開心，就找你吐苦水。或許你自己也對這種情況不陌生，當你和這種人見面之後，身上的能量彷彿耗盡了許多。辛苦地和孩子相處一整天也是如此，搞得大家烏煙瘴氣，衝突就接二連三來報到。

如果你被某個東西耗盡了能量，感到壓力或是焦躁，以下的視覺練習能幫你「平衡能量」，讓你恢復原本的自己。

練習時間：平衡能量的視覺練習

讓自己坐在一個不受干擾的安靜地方，挺胸坐直，不要挺腰。閉上眼睛，讓自己放輕鬆，有意識地吸氣、吐氣。關注你的呼吸，讓空氣進來和出去。

現在想像有一道光束，溫暖地籠罩著你。

當你準備好了，請想像帶走你能量的那個人或那件事，並且說：「我的能量歸我，你的能量歸你。」

重複這句話，直到你覺得舒服為止。

讓你的呼吸跟著你說話的頻率：當你得到能量時吸氣，給他人能量時吐氣。如果兩者無法一致，或者讓你無法專心說話或想像這個人或事，也不必要求兩者要同步。如果你願意更進一步地練習，你可以在說話時搭配適當的手勢，把「別人的能量」推出去。

你可以在腦海裡組織這些話，但我們建議你大聲說出來。你可能會覺得不習慣——試驗不同的方式，看看你在不同情況下的感覺如何。

當你有意識地生活，就會發現你實現自己的願望。即便你只能決定部分的生活情況，但你始終可以選擇要怎麼去面對生活。

正如先前所說，擺脫父母的目的，是用一種方式和自己建立關係，一種讓你感到自信驕傲的方式；這就是重視和愛自己的開始，不需要仰賴他人的愛和欣賞，可以讓你自由地付出和接受愛，不再受到任何條件的約束。

結語

找到內心的平衡，在愛裡成長

我們寫這本書是想陪伴你，和你一起走出過去的框架，讓你走向自己；我們想要探索你和孩子的強烈情緒，並且找出處理這些情緒的具體方法；我們也想瞭解，你怎麼覺察自己內心的不滿、怎麼面對它；我們更想讓壓力浮出水面，找出你可以對抗它們的資源；我們還想問，我們偶爾以為的愛——包括過分操心、超越界線和好意的作為——這些都是真正的愛嗎？我們要找出我們對愛的感覺並說出來；我們要陪你走一段「回家」的路。最瞭解自己的你，可以自問：我這麼做是出於恐懼還是愛呢？只要如此，你就會清楚方向了。

為了持續且確實地改變，我們必須知道問題的癥結點，還有必須改變的事。要掌握親子關係，我們要先知道生活丟給我們的難題，有意識地回應而不是盲目衝動行

事。我們要丟棄不知不覺習慣的舊有行為模式，和以往「被訓練好」的自己，和我們自己的願望做朋友。孩子需要和我們發展出一段深入、長久且踏實的關係，在情感和精神上成長，並且有自信地生活，成為善良正直的人。當他們離我們而去或是反抗我們時，代表我們並沒有滿足他們的情感需求；或者也沒有教導他們，要如何滿足自己。

有覺知的生活也意味著，懂得去瞭解我們在無意間如何傷害了孩子。我們以為用熟悉的方式回應就會輕鬆許多，所以總是在做習慣的事——即使結果同樣讓人挫折。解決問題並採取新的、確實的作法並不容易。當我們想要積極建立親子關係和打造我們的生活，而且用符合我們、對我們有利的方式，就一定要落實這一點。

當你達到了目標，就會有個空間等待著你，你和孩子可以在這裡重新認識彼此。在過程中你也許感到震撼和受傷，這也是協調的一部分，不要埋怨過去的你，還有曾經犯的錯。或許，你只是誤以為自己在當下做對了。請繼續探索自己吧！準備好出發，鼓起勇氣，在改變的過程中重新愛上自己！犯錯在所難免，請記得用愛來面對，從錯誤中學習，每天超越自己。

你可以做你自己，練習接納你的全部，寬恕自己。「寬恕意味著不要抵抗生命中的事——讓生命經由你而活。」艾克哈特．托勒（Eckhart Tolle）說：「當你真正寬恕的那一刻，你就不必費力理解……理解無法做到寬恕，只有你才可以。」

愛孩子、接納他們，給他們安全感和信賴，當引導他們的燈塔，這是我們做父母的責任。他們也讓我們發現自己長久以來遺失的東西：如何以一種真正踏實、快樂和自發的態度，來面對生活的波折和挫折。我們接納這個世界和它真實的樣貌，試著不在它的面前低頭，我們告訴自己，這就是它原來的樣子。就抱持著開放的心、勇敢的態度，好好地體會和接納它。

我們共同參加一堂湯瑪士．哈姆斯的訓練講座時，他用了一個嬰兒的玩偶，示範什麼是成功地建立關係。他靜靜地把嬰兒放在懷裡，然後對我們說：「建立好的、成功的關係是很無趣的事，沒什麼大不了的，就是接觸而已，在靜默之間相遇和結合。」建立和自己的連結，愛上自己也是如此：愛你自己，就會獲得平靜。

謝謝你，讓我們陪伴你走了一小段屬於你自己的路。

珍琳和珊德拉

後記

我們是誰：走在關係取向的這條路上

為了讓你更加認識我們，知道我們來自何方，我們想和你分享我們自己走上關係取向概念的過程。

珍琳：周遭出現這麼多的聲音，哪一個才是我想要的呢？

女兒出生之後，我才開啟了轉變自我意識的過程。那時的我已經很習慣在部落格的圈圈裡讀文章和寫文章，所以在女兒出生之前，我很快就創立了一個部落格，書寫用愛陪伴孩子的方式。我讀了很多重要的東西，像是不可以溺愛寶寶、不要時間

一到就餵奶、等他想吃再餵。「穩健發展」（Geborgen Wachsen）和「教出絕佳的孩子」（Das gewünschteste Wunschkind aller Zeiten）等部落格，是我最重視的參考來源，上面講的內容很不錯，讓我有了安全感。

隨著女兒漸漸長大，明確表現出她是一個小小的獨立個體，有自己的意見、想法和願望。這個嬌小、奇妙的人兒讓我清楚瞭解到：「媽媽，我不是你。我還不知道我自己是誰，但我絕對不是你！」

你讀到這兒，大概也會有同感吧。回想起來，也是如此，但當時（以及現在）我面臨了許多的挑戰，像是孩子的「不要」就讓我們頭痛不已。這時我們一定有志一同：當孩子準備要去探索這個世界時，我們在很多情況下很難保持愛的心情。我的腦袋裡不時會跳出聲音，不知道是從哪個地方來的，而且很顯然還內化到心裡了。「你要堅持下去！」、「如果你這時不做，你就輸了！」、「如果你現在放任她，孩子就會不把你當一回事！」——這種句子大概講也講不完。

所以，除了親子關係帶給我們的諸多恐懼之外，我還意識到一個全新的恐懼點：

如果我不教女兒這個跟那個的話，我在教育上就失敗了，她將來就會變成一個不好、不快樂的人。我的想法如此清晰，我女兒必須要怎麼樣，她才會變成優秀和正直的人——我們都想要給孩子最好的，對吧（我們在這本書讀到，父母並非總是都想給孩子最好的。聽起來好嚇人，但事情就是如此）？

這麼想的結果就是，我愈來愈常——在沒有意識的情況下——要求我的女兒聽話。我想著她可能需要什麼，希望她能達成這個「目標」。但是，這個小女孩從一開始就被教導建立關係和表達需求，現在她當然不願意順從。因為，我們不能在他們需要什麼的時候愛護他們、接納他們、用很多的安全感陪伴他們探索世界……然後，當情況不對時，就中斷這一切——這完全不合理。一方面，我們自己覺得這麼做不對；另一方面，孩子是能讓我們清楚看見事實的人。他們本來就離不開「對」和「錯」的感覺，才會不願意配合某些事。好吧，太好了！但怎麼辦呢？真的很難啊！

在我感到不知所措之際，我很幸運地在網路上看見幾個部落格，像是「羅盤」（Der Kompass）和「父母的轉變」（Elternmorphose），它們反對用「古早的」教養方式

——處罰、恐嚇和控制，而是主張親子之間彼此信任。我讀了文章，它說：「教養是暴力！」一開始，這種說法讓我搖頭，但我仍然繼續讀下去。我再三看了這些文章，愈讀愈多，直到最後有個念頭出現——我知道，這就是我真正想要的教養態度。

我開始去瞭解，什麼叫做平等地對待孩子，深入鑽研這方面的主題，之後遇到並認識了珊德拉，知道和身邊人相處的對等關係看起來是什麼樣子。在過程中，我也發覺，自己過著的生活，有某部分正是我所想像的模樣，可以說是我自學而來。

我們個人的教養方式會對整體生活帶來極大的影響，雖然我們不相信有「完美的童年」，它還是存在著某些本質上的重要性，包括關愛、認真看待孩子，即便我們不能理解他們的願望。父母在教養過程中給了我這些東西，讓我感到安心——除了幾次的失敗以外——能冷靜面對自己，並帶著「我是對的！」的感覺長大。這是很多孩子都無法享受到的特權。我最需要成長的部分，是能和女兒平等地相處，即使有時並非那麼順利。

我堅信，我們可以很快轉變對待孩子和身邊人的態度。就在短短的時間裡，從現在開始。我相信，我們會決定，想要用什麼方式對待我們最愛的人還有其他人。但是，這不表示我們可以一直都如此思考和行動：一成不變的慣性模式、清楚浮現的過往，還有來自社會上的聲音「本來就是這樣！」和「大家都這樣！」，陪伴著我們成長，直到今日我們還活在這個框架裡。我們學到了「大家」怎麼做和必須做的事，現在，該一步步打破這個堅硬的窠臼，每天思考新的事物，最終才能找回自己。還有，找回我們自己想走的路。因為我們往往在不同的條件之下成長，更因為我們必須拋開外界的評價，才使得這件事做起來難上加難——走在這條新的路上，沿途惴惴不安，卻不知通往何處，更沒有人會走在我們的身旁。

「敞開你的心胸！」當我陷入極大的不安和絕望時，珊德拉這麼對我說，那是幾星期前的某一天所發生的事。在那幾週裡，我想到女兒明白又清楚的意願時，不斷在「我這麼陪伴她是對的！」和「或許她該聽我的話，或許別無他法了！」之間搖擺不定。現在，我明白自己需要這段時間的摸索，才能更堅定地繼續走我想要的路。也因為這樣，我能以這個想法生活，比過去更相信，該怎麼真正和身邊的人相處。

珊德拉：它召喚著我

二十歲出頭時，我想要孩子的心願一直很強烈，大兒子盧卡斯的報到滿足了我的願望。我現在回頭去看當時的影片時（我指的是一九九五年），看到我和婚後家庭過的第一個聖誕節，我幾乎難以置信。我帶著驚訝和恐懼的心情看著，自己如何重現原生家庭樣貌，我想怎麼慶祝或是我想吃什麼，這些動作完全未經思考。我做了和「大家」一樣的事：不管是過聖誕節、其他節日，都完全一模一樣。這麼做很方便，而且也不必在這些事項上多加琢磨。

盧卡斯八個月大時，他頭一次「發脾氣」，我的迷惘和不解也跟著出現。當時，我以為他的大腦或許有點問題。我想不到其他解釋，幫他洗冷水澡是我僅知的解決方法。第一次沒用，第二次我開始感到明顯的不安。這不是解決的方法！因此，我開始學習認識我的兒子，並對傳統的建議存疑。

那時候起，我心裡不斷有個念頭：我想要研究心理學。我強調的是心理學，不是我自己。我找了很久的答案，還是一直百思不得其解，終於在一九九七年——當時我仍以教職為生——開始上諮詢師的進修課程。就在兒子兩歲時，我又經歷了另一個迷惘：我在懷孕十週時流產。我想不透原因，因為我明明很小心！直到我在進修時認識了史帝芬，才改變這個念頭。當時他已婚，我則是計畫和當時的先生再懷第二個孩子。而我們兩個雙雙在幾個月後離開了另一半。接下來，為我的人生迎來了「重組家庭」。

二〇〇二年，在歷經一個半小時的生產過程後，我和史帝芬的女兒——法蘭茲卡，她重達五二六〇公克，來到了世界上。藉由她的出生，讓我有了重新學習的機會，因為用在她哥哥身上「有效」的方法，在她身上卻起不了作用。我還記得，在她情緒崩潰時，我內心感到的沮喪和無助——遍尋方法，卻一無所獲！所以我做了決定：「我要一直用愛來照顧你，如果這就是我唯一能做的事的話！」我堅持住，也成功了。我發現自己內心存在著我從不知道的一面：「充滿愛的樣子，我也願意接受這樣的自己。」

我是獨生女，很想知道兩個來自相同基因的孩子會變成什麼樣子，如果是「一群」兄弟姐妹呢？二〇〇四年，在史帝芬失業後的四天，我的第三個兒子羅倫茲出生了。當時我們的生活處於高速失控當中，必須想點辦法。我們尋求諮商治療，個人或夫妻都有，然後我有股渴望，想研究夫妻和家庭相處的議題，並從事這方面的工作。所以我遇見了雅斯培．尤爾，在他的指導之下踏入了嶄新的領域，開始會用「關係技巧」這個詞彙。我對外界的看法徹底改觀，就連看待孩子和家庭的方式也一樣。另一個類似的轉捩點是，透過拜倫．凱蒂，我得以認識自己和自己的能力；還有，大衛．施納赫，讓我體會到夫妻關係、父母的角色和身為成年女性的地位。

對我來說，做為一個媽媽或爸爸，必須歷經多次對自己的失望，並且接受這個事實。當我發現，身為母親，無法做到自己精心規劃的每一件事情時，我對自己感到失望。當我認清，和我的兒子玩汽車遊戲（很多部火柴盒小汽車互相交流，彼此比賽競爭，免不了一定要撞在一起），真的無聊至極，那一刻對我來說，就像是失敗了一樣。在經歷和兩個孩子相處之後，我才允許自己和孩子玩我真心喜歡的東西，而不是玩我期待自己、或別人期待一個母親應該玩的遊戲，而且這種選擇也真的太少了！

關於這一點，如果讓孩子們來說的話，他們可能會描述，在我身上體會或發現哪些媽媽的不同面向：我先生大概會說，在我們的婚姻生活中，他已經遇見第十五個太太了。我的人生一路下來，總是不斷崩解又重組。但我要感謝所有參與其中的人，深深感謝！

我也感謝老天爺讓我認識了珍琳。我下筆時才發現，她對我來說有多麼重要。她讓我能像紀伯倫說的一樣，看見「明日的某處」。因為我們共同創作的緣故，讓我有機會帶著尊重的心，去參與許多家庭和生活。我和她一起寫了這本書，之後也會繼續寫下去。給珍琳！

如果我們的書能改變什麼，那就是你願意改變，和身邊的人相處，這就成功了。親愛的讀者，我向你致敬；你的奮鬥、找尋解答的過程、探索、失敗和再站起來，對此我深表敬佩。請不要放棄！堅持下去！因為，某一天收穫就會來臨，真的。此時此刻，就是我人生最美好的時候。

致謝

這本書的內容在我們兩個的生活中醞釀許久，也靠著和其他人的互動和交流才得已成熟：我們私底下陪伴過的每一個人，還有在工作上認識的、接觸過的和陪伴過的人。我們有機會瞭解他們的本性，見證他們改變、熱切、跌跌撞撞和繼續前進，甚至當情況變得很糟時也一樣。這些所見所聞是我們寫這本書的動力來源。

我們想從幫助本書付梓的人開始說起。蘇珊娜·米勞連絡了客什爾出版社，希爾克·佛斯負責書的製作。親愛的蘇珊娜，謝謝你如此寶貴的付出，你用滿滿的愛陪伴家庭，讓世界變得更好！希爾克·佛斯陪伴我們度過寫作的過程。謝謝你，對我們內容的「要求」，讓我們兩個拿出最好的一面。感謝編輯雷克多·拉夫·雷的包容，和我們密集討論我們想達成的目標。我們也要感謝客什爾出版社以及每個負責的單位，在這個匯集琳瑯滿目書籍的「大家庭」中，讓我們的書能有出版的機會。

我也要感謝家人對我的愛和陪伴。感謝你們一直以來做我的後盾，支持著我，讓我可以做真實的自己。感謝我的先生揚恩：親愛的你，是最有耐心的聆聽者，最棒的爸爸，我相信女兒也是這麼想，每一天我都很佩服你。謝謝我的女兒艾雷妮來做我的女兒，陪伴著我。你讓我見識到了全新的世界，教給我的東西比我想像的多更多。我愛你，永遠！

還有我的父母，教會我許多事，給我更多的機會。謝謝你們一直以來的支持，讓我能夠信任你們！我的哥哥們，陪我一起歡笑和難過，做為哥哥，你們當之無愧！

我還要感謝在部落格「小寶貝與我」和影音頻道上的每一位讀者，給我許多你們個人真誠的想法：謝謝你們閱讀文章、給我回饋還有與我進行寶貴的交流。因為有你們，我才能做一名網路作家，讓我可以自己創造生活的方式，多麼難能可貴的機會啊！我由衷感謝你們！

珊德拉，我也要謝謝你。謝謝你的友誼、時間、陪伴、照顧還有你的投入。你不只是我的朋友，還是我的導師，讓我可以學到許多的事。現在我和你一起寫了這本書：沒有你，我還真做不到！

珍琳·米克

我要感謝每一個人，你們讓我成為現在的自己，也讓我有了改變的機會。

感謝養育我的父母和祖父母。我總是懷念起許多的事。

感謝史帝芬：在我們共同生活的日子裡，讓我可以認識我的好與壞，這點我非常確定。

感謝我最棒的三個孩子：盧卡斯、法蘭茲卡、羅倫茲：我的心充滿對你們的喜歡和愛，但願你們能一直看得到並感受到！我會繼續努力！

感謝我的老師大衛．施納赫和雅斯培．尤爾。

感謝我的朋友比爾吉特：四十四年以來，當我的姐妹、朋友、伙伴。

還有我的客戶，以及一直跟隨我的人，謝謝你的的信任與接納。我正努力按照我教你們的方式生活。

珊德拉．提墨．葉特

國家圖書館出版品預行編目資料

媽媽的情緒練習 / 珍琳 · 米克（Jeannine Mik）, 珊德拉 · 提墨 · 葉特（Sandra Teml-Jetter）著 ; 楊婷湞譯 . -- 初版 . -- 臺北市 : 日月文化 , 2020.07
320 面 ; 14.7*21 公分 . --（高 EQ 父母 ; 80）
譯自：Mama, nicht schreien! : Liebevoll bleiben bei Stress, Wut und starken Gefühlen
ISBN 978-986-248-894-2（平裝）
1. 親職教育 2. 情緒管理
528.2　　109007459

高 EQ 父母 80

媽媽的情緒練習

自我覺察，用智慧愛孩子和自己，建立正向家庭關係

Mama, nicht schreien! : Liebevoll bleiben bei Stress, Wut und starken Gefühlen

作　　者：珍琳 · 米克（Jeannine Mik）、珊德拉 · 提墨 · 葉特（Sandra Teml-Jetter）
譯　　者：楊婷湞
主　　編：俞聖柔
校　　對：俞聖柔、米宇
封面設計：高茲琳
美術設計：LittleWork 編輯設計室

發 行 人：洪祺祥
副總經理：洪偉傑
副總編輯：謝美玲
法律顧問：建大法律事務所
財務顧問：高威會計師事務所
出　　版：日月文化出版股份有限公司
製　　作：大好書屋
地　　址：台北市信義路三段 151 號 8 樓
電　　話：(02)2708-5509　傳　　真：(02)2708-6157
客服信箱：service@heliopolis.com.tw
網　　址：www.heliopolis.com.tw
郵撥帳號：19716071 日月文化出版股份有限公司

總 經 銷：聯合發行股份有限公司
電　　話：(02)2917-8022　傳　　真：(02)2915-7212
印　　刷：禾耕彩色印刷事業有限公司
初　　版：2020 年 7 月
初版三刷：2020 年 9 月
定　　價：350 元
I S B N：978-986-248-894-2

Original title: Mama, nicht schreien! Liebevoll bleiben bei Stress, Wut und starken Gefühlen by Jeannine Mik / Sandra Teml-Jetter

生命，因**閱讀**而**大好**

生命，因閱讀而大好